기독교문서선교회 (Christian Literature Center: 약칭 CLC)는 1941년 영국 콜체스터에서 켄 아담스에 의해 시작되었으며 국제 본부는 미국 필라델피아에 있습니다.
국제 CLC는 59개 나라에서 180개의 본부를 두고, 약 650여 명의 선교사들이 이동도서차량 40대를 이용하여 문서 보급에 힘쓰고 있으며 이메일 주문을 통해 130여 국으로 책을 공급하고 있습니다. 한국 CLC는 청교도적 복음주의 신학과 신앙서적을 출판하는 문서선교기관으로서, 한 영혼이라도 구원되길 소망하면서 주님이 오시는 그날까지 최선을 다할 것입니다.

헌신

Absolute Surrender
Written by Andrew Murray
Translated by Yongtae Lee
All rights reserved.

Korean Edition Copyright © 2019 by Christian Literature Center, Seoul, Republic of Korea.

헌신

1984년 11월 25일 초판 발행
2019년 7월 30일 개정판 1쇄 발행

지은이　　|　앤드류 머레이
옮긴이　　|　이용태

편집　　　|　정재원
디자인　　|　박인미
펴낸곳　　|　(사)기독교문서선교회
등록　　　|　제16-25호(1980.1.18.)
주소　　　|　서울특별시 서초구 방배로 68
전화　　　|　02-586-8761~3(본사) 031-942-8761(영업부)
팩스　　　|　02-523-0131(본사) 031-942-8763(영업부)
이메일　　|　clckor@gmail.com
홈페이지　|　www.clcbook.com
송금계좌　|　기업은행 073-000308-04-020 (사)기독교문서선교회

ISBN 978-89-341-2001-8 (04230)
ISBN 978-89-341-1844-2 (세트)

이 도서의 국립중앙도서관 출판시 도서목록(CIP)은 서지정보유통지원시스템 홈페이지(http://seoji.nl.go.kr)와 국가자료공동목록시스템(http://www.nl.go.kr/kolisnet)에서 이용하실 수 있습니다.
(CIP제어번호: CIP2019023152)
신저작권법에 의하여 한국 내에서 보호받는 저작물이므로 무단 전재와 무단 복제를 금합니다.

헌신

앤드류 머레이

CLC

서문

앤드류 머레이 Andrew Murray, 1828-1917 는 탁월한 설교자들 가운데 한 사람이다. 그는 당대에 아주 큰 영향력을 행사했을 뿐만 아니라, 사후에도 저서들을 통해 후대의 많은 독자들에게 매우 깊은 감동을 주고 있다.

그의 아버지는 스코틀랜드 출신의 장로교 목사로서 남아프리카 연방 The Union of South Africa, 지금의 Republic of South Africa 에 있는 케이프 콜로니 Cape Colony 주지사의 간절한 부탁에 따라, 그곳에서 주민들의 구령사업에 혼신의 정열을 쏟아 바쳤던 경건한 헌신의 사람이었다. 그라프 레이네트 Graaf-Reinet 에 살고 있던 이 명사의 가문에 17명의 자녀들이 태어났는데, 앤드류 머레이는 바로 이 대가족의 일원으로 유년 시절을 경건한 가정에서 보내면서 좋은 영향을 받았다.

앤드류 머레이가 아홉 살이 되었을 때, 그는 형과 더불어 애버딘 Aberdeen 으로 유학을 떠나게 되었다. 그는 십대에 학교를 졸업하고 또다시 신학을 공부하기 위해 네델란드의 위트레흐트 Utrecht 로 진학했다. 그곳에서 앤드류 머레이는 자신이 스스로 회심이라고 생각하기를 좋아했던 영적 체험을 갖게 되었다.

스무 살이 되었을 때, 그는 남아프리카로 돌아가서 블

럼폰탄 Bloemfontein 교회의 담임목사가 되었다. 그는 수년 동안이나 '오렌지 프리 스테이트' Orange Free State 전역을 통해서 안수받은 유일한 목사였다. 처음에 농장 경영주들은 그가 젊은 목사라고 해서 멸시하는 경우도 없지 않았다. 그러나 그의 설교가로서의 탁월한 재능 때문에 그는 곧 명성과 존경을 받게 되었고, 결국은 보다 넓은 지역을 교구로 삼아 복음전도에 놀라운 성과를 올리게 되었다.

우스터 Worcester 와 케이프타운 Cape Town 에서 각각 4년에 걸친 두 차례의 짧은 목회 경험을 필두로 하여, 그는 1871년부터 그가 고향으로 부름받아 돌아올 때까지 거의 45년이 넘도록 웰링톤 Wellington 에서 아주 성공적인 목회 사역에 종사했다.

앤드류 머레이는 여러 가지 영적인 은사와 능력을 체험했을 뿐만 아니라, 또 영력 있는 설교가로 명성이 높았다. 목회자로서, 전도자로서, 집회의 강사로서, 선교 전략가로서 그리고 교육가로서 그는 참으로 이 모든 분야에 정통한 인재였다.

그가 그의 목회 사역에 괄목할 만한 성장을 나타내기 시작한 것은 1881년에 열렸던 케직사경회 Keswick Convention 를 방문한 이후부터였다. 그는 아주 깊은 관심을 가지고 그 집회가 시작될 때부터 집회에 대한 보고서를 작성했다.

1880년, 그는 인후부에 염증을 일으켜 더 이상 설교를 할 수 없게 되었다. 당시의 의사들에 따르면 그는 다시 대중들에게 설교할 수 있게 되리라는 작은 소망도 갖지 못할 정도였다. 영국으로 건너가서 전문가의 충고를 받으려 했지만 큰 도움은 기대할 수가 없었다. 그렇게 어려운 상황 때문에 그는 몹시 갈망하는 심정으로 케직 사경회에 갔던 것이다.

오후 집회 시간에 그는 일어나서 성령 충만한 삶을 살고 싶다고 증거했다. 그런데 바로 그 다음날 주님은 그에게 자신을 계시해 보여주셨다. 『신앙생활』 *The Life of Faith* 이라는 간증에서 그는 다음과 같이 증거하고 있다.

> 이기심으로 하는 것은 하나님의 일을 추구하는 것 같지만 사실상 순종하기를 거부하는 것보다 더 위험스러운 것이며, 또한 영적인 진리를 배우며 영적인 사역에 종사한다고 하면서도 몰래 스며들어 오는 육욕은 하나님의 생명이 우리의 영혼 가운데서 충만하게 역사하지 못하도록 방해하는 것이다.
>
> 내가 런던에 있을 때 나는 믿음을 치료할 수 있는 가정으로 인도함을 받은 적이 있다. 그곳에서 나는 말로 다 표현할 수 없을 만큼 엄숙하고 축복된 일이란 바로 주께서 내 마음속에 찾아오셔서 성령으로 나의 육체를 붙들어주사 건강과 능력을 달라고 기도하는 것임을 배우게 되었다. 결국 나는 그 집회에서 주님이 바로 나를 깨끗하게

하시는 분임을 믿게 되었고, 또 그분을 나의 치료자로 모셔 들였다.

나는 그 순간 주님을 바라보았고, 또 그분이 보혈을 흘리신 것만큼이나 지금 그분의 보혈로 나를 적셔주심이 영광스럽고도 효과적인 것임을 깨달았다. 그리고 성령의 충만함을 받으면 결국 깨끗함을 얻을 수밖에 없다는 사실도 발견하게 되었다.

결국 그는 회복되었고, 성령의 능력으로 충만하게 되어 다시금 남아프리카로 돌아올 수 있었다. 그리고 그가 집필한 많은 책들이 영어를 사용하는 문화권에서 좋은 반응을 나타내기 시작했다. 그의 책들은 대부분 아프리카어로 기록되었지만 오히려 영어 번역판들이 더 많이 출간되었다.

1895년에 다시 영국을 방문한 그는 케직사경회에서 결코 잊을 수 없는, 감동적인 연설을 많이 했다. 특히 그는 동부 런던에서 있게 될 대전도집회의 준비모임에서도 계속적으로 설교했다. 이때 행한 그의 설교들이 요약되어 『헌신』 *Absolute Surrender* 이란 제목으로 출판된 것이다.

이후 이 책에 대한 재판 요청이 쇄도하였으며, 그 요청에 따라 다시 편집된 이 책을 통해 새로운 세대들이 자신의 생명을 주님께 온전히 드리고, 헌신하는 삶을 살게 되는 도전을 받게 되리라 확신한다.

목차　　　서문　4

제1장　성령의 충만을 받으라　10
제2장　성령이 주신 4가지 복　29
제3장　육에 속한 자와 영에 속한 자　50
제4장　성령의 사역을 위해 따로 세우라　78
제5장　베드로의 회개　98
제6장　온전한 헌신　114
제7장　우리의 생명이신 그리스도　138
제8장　성령의 열매는 사랑이다　156
제9장　하나님은 하실 수 있느니라　179
제10장　성령으로 시작하였다가　197
제11장　하나님의 능력으로 보호하심을 받음　214
제12장　너희는 가지라　240

제1장 성령의 충만을 받으라

술 취하지 말라 이는 방탕한 것이니
오직 성령으로 충만함을 받으라 엡 5:18

이 말씀은 우리들에게 잘 알려진 말씀이다. 여러분은 그것을 사도행전 2:4에서 발견할 수 있을 것이다.

그들이 다 성령의 충만함을 받고… 행 2:4

또 에베소서 5:18 말씀은 증거한다.

…오직 성령으로 충만함을 받으라 엡 5:18

전자가 서술적이요 실제로 일어났던 일을 그대로 우리들에게 증거해 주는 것이라면, 후자는 명령문이라고 볼 수 있다. 우리가 당연히 그렇게 되어야 한다고 강조하는 말씀이다. 혹시 우리의 마음 가운데 어떤 회의적인 생각이 든다면 우리는 그것이 또 다른 명령과 연결되어 있음을 고찰해 보아야 할 것이다.

술 취하지 말라…오직 성령으로 충만함을 받으라 엡 5:18

만일 그리스도인이 "당신은 술 취하지 말라는 그 명령에 순종하려고 노력하고 있습니까?"라는 질문을 받게 되면 "물론이지요, 저는 그 명령에 순종합니다"라고 대답할 것이다.

그렇다면 "성령으로 충만함을 받으라"는 또 다른 명

령에는 어떻게 할 것인가?

그 명령에도 순종하겠다고 대답할 수 있는가?

여러분이 바로 그런 삶을 살고 있다고 말할 수 있는가?

왜 그런 삶을 살지 못하는가?

여러분은 그 명령에 순종할 의사가 있는가?

다시 말해서 "하나님의 도움으로 말미암아 내가 순종하려고 한다"라고 대답할 수 있는가?

'내가 그 명령을 순종할때까지, 즉 성령의 충만함을 받을 때까지는 결코 평안히 쉴 수 없다'라는 각오가 되어 있느냐는 말이다.

나는 처음부터 하나님의 성령의 명령을 그의 말씀 안에서 들을 수 있는 간단한 문제를 제시함으로써 말씀을 전개하려고 한다.

"내 자녀들아, 나는 너희들이 성령으로 충만케 되기를 원한다."

하나님의 이 말씀은 모든 그리스도인들에게 주시는 말씀이다. 그때 우리들은 이렇게 대답할 수 있어야만 할 것이다.

> 아버지여, 그렇게 되기를 원합니다. 내가 준비되었나이다. 나는 나의 하나님께 내 자신을 드리기를 원합니다. 당신의 성령으로 충만케 하옵소서.

성령 충만에 대해 잘못된 인식을 갖지 않도록 나는 그것이 고도의 흥분 상태나 아니면 절대적인 완전함, 혹은 더 이상 성장할 필요성을 느끼지 않는 그 어떤 성숙한 상태를 의미하는 것이 아니라는 사실을 분명히 밝혀두고 싶다.

성령의 충만을 받는다는 것은 단순히 나의 모든 본성을 성령의 능력에 굴복시키는 것을 뜻한다. 나의 전체를 성령께 복종시킬 때 하나님 자신이 나를 충만케 하실 수 있다.

그러면 성령의 충만함을 받기 위해 필요한 것은 무엇인가?

나는 그리스도께서 제자들에게 오순절 날을 기다리도록 준비시키신 그 방법보다 더 좋은 해답을 찾을 수 있다고 생각하지 않는다.

선교사들이 복음을 증거할 때 이방 세계에서 어떤 일이 일어나는지는 여러분이 더 잘 알 것이다. 먼저 회심자들이 그들을 찾아올 때 세례를 베푸는데, 때로는 1년 혹은 그 이상의 시간을 투자하여 그 젊은 회심자들을 가르치고, 훈련시키며 또 시험하는 과정을 밟게 함으로써 그리스도인의 삶을 준비시킨다.

예수님은 3년에 걸쳐 자신의 제자들을 세례 교인으로 성장시키셨다. 제자들이 그 수준에 이르기까지 예수님은 많은 시간을 투자하여 그들을 훈련시키고 준비시킨

것이다. 그것은 마술을 통해서 되는 일도 아니며, 강압적인 방법으로 성취할 수 있는 일도 아니었다. 오직 성령께서 그들에게 임하심으로써만 가능한 일이었다.

한편, 그들은 그것을 위해 미리 준비한 것도 사실이다. 세례 요한은 장래에 있게 될 바로 그 사건을 미리 말한 바 있다. 그는 세상 죄를 위해서 피흘리게 될 하나님의 어린양에 대해서만 말한 것이 아니라, 하나님께로부터 특별한 계시를 받음으로써 성령이 그 위에 임하는 것을 친히 목격하게 될 그분이 바로 성령으로 세례를 베풀 것이라는 사실도 증거했던 것이다.

그렇다면 예수님이 제자들을 훈련시켰다는 말은 어떤 내용을 함축하고 있는가?

또한 성령 세례를 준비시켰다는 말은 무슨 뜻인가?

1. 제자들은 주님을 따르기 위해 모든 것을 포기했다

주 예수께서 한 사람을 만나 "너의 그물을 버리라"고 말씀하시고 또 다른 사람을 만나 "세관의 직책을 떠나라"고 말씀하셨다는 것을 여러분은 기억할 것이다. 그때 그들은 즉시 순종했다. 베드로의 입을 통해서 그들은 "주여! 우리는 모든 것을 다 버리고 당신을 좇았나이다"라고 말할 정도였다. 실로 그들은 집과 가족, 그리고 명성까지 다 버린 것이 사실이다.

사람들은 그들을 조롱하고 비웃었다. 그리고 그들을 '예수의 제자들'이라고 불렀다. 주께서 멸시를 받고 미움을 받았을 때에 그들 역시 미움을 받았다. 그들은 자신들을 주님과 동일시했고 그분의 명령을 따르기 위해서 자신들을 전적으로 포기해 버렸다. 성령의 세례를 받기 위한 길목의 첫발을 내디딘 것이다.

우리들도 그리스도를 따르기 위해서 모든 것을 포기할 수 있어야 하지 않겠는가?

나는 지금 "죄를 버리라"고 말하고 있지 않다. 그것은 여러분이 회심할 때 당연히 해야 할 일이다.

여기에서 나는 그것보다 더 포괄적인 의미를 말하고 있다. 많은 그리스도인들은 예수님이 그들의 죄에서부터 구원해 주시고 또 도와주시는 분으로 영접했다고 생각하지만 실제적인 주인으로서 모셔 들이는 일은 꺼려하고 있다.

그들은 수천 가지 일을 수행함에 있어서 무엇이나 다 자기 마음대로 할 수 있는 권리가 있다고 생각한다. 그들은 자기들이 하고 싶은 말이면 무엇이나 서슴없이 할 수 있으며 또 하고 싶은 행동도 다 할 수 있다고 믿는다.

그뿐만 아니라 자기들이 가지고 있는 재산이나 소유물도 자기들 마음대로 활용해도 좋은 것으로 결론을 내려버린다. 다시 말하면 그들은 자기들이 주인 행세를 하며 살고 있다. 그들은 "주여! 나는 당신을 따르기 위해 모든 것을 포기하나이다"라는 고백을 꿈에도 생각할 수 없다.

그럼에도 불구하고 이것은 그리스도의 명령이다. 그리스도는 합당한 자에게 주실 무한한 부와 영광을 가지고 계시다. 그리스도 자신이 바로 천국과 같으며 또한 영적인 하나님의 선물이기 때문에, 우리가 모든 것을 포기하지 않으면 그분은 우리의 심령 가운데 충만하게 채워지지 않는다. 그렇기 때문에 주님께서 "모든 것을 버리고 나를 따르라"고 말씀하신 것이다.

요하네스버그 Johannesburg에서 여러 차례의 집회를 인도하던 어느 날 오후, 하나님께서 자신들을 위해 행하신 놀라운 일에 대해 증거하기 위해 많은 그리스도인들이 함께 모여 있었다. 그때 한 가난한 여인이 일어나서 약 6개월 전에 성령으로 충만케 되는 놀라운 축복을 받았노라고 증거했다.

그녀는 헌신을 다짐하는 집회 시간에 가난한 몇 사람의 이웃들과 더불어 그 모임에 참석했었는데, 그때 말씀을 증거하시는 목사님께서 예수님을 위해 모든 것을 포기할 각오가 되어 있느냐고 질문했다는 것이다. 그 강사 목사님은 다음과 같이 질문했다고 한다.

하나님께서 당신으로 하여금 중국으로 가기를 원하신다

면, 더군다나 당신의 남편과 자식들을 포기하고서라도 그 일을 수행하라고 하신다면 당신은 그것을 기쁘게 받아들이겠습니까?

이 질문에 대해 그 여인은 정직하게 대답할 수밖에 없었다고 한다.

"나는 그렇게 할 수 없습니다. 주를 위해 모든 것을 포기하고 싶지만 실제로는 그렇게 할 수 없습니다."

그러나 그녀가 그렇게 대답한 것과는 달리, 헌신하기를 원하는 사람은 그 자리에서 일어나주기를 요청받았을 때, 그 여인의 마음속에는 큰 도전이 있었고 결국 그대로 앉아 있을 수가 없어서 벌떡 일어나 "나는 모든 것을 포기합니다"라고 고백했다는 것이다.

하지만 그 여인은 또다시 자기 남편과 자식들을 버릴 수 없다는 생각이 들었다. 집으로 돌아온 후, 잠을 이룰 수도 없었고 평안하게 쉴 수도 없었다. 마음속에서 심한 갈등이 일어났기 때문이다.

'모든 것을 포기해야만 하는가?'

그럼에도 불구하고 그 여인은 주님을 위해 그 일을 하고 싶었다. 자정을 넘긴 후 드디어 그녀는 고백했다.

"주여! 당신을 위해 모든 것을 포기하나이다."

바로 그때 그 여인의 심령 속에 큰 기쁨과 성령의 능력이 차고 넘치게 되었다고 한다. 그녀는 이것을 간증했으며 또 그녀가 출석하고 있는 교회의 담임목사님도 그녀가 지금 주의 충만한 기쁨 가운데서 살고 있음을 증거했다.

여러분은 지금 "오, 그리스도시여! 성령으로 충만케 하시옵소서. 나는 모든 것을 포기하오니 나의 헌신을 받아주시옵소서"라는 고백을 기꺼이 할 수 있는가?

우리 각자는 자기 자신을 점검해 보지 않으면 안 된다. 혹자는 그럴 필요성을 전혀 느껴본 일이 없을지도 모른다. 그리고 어떤 사람들은 예수님이 "사람이 주와 복음을 위해 부모나 처자식 그리고 집과 전토를 버릴 수 없다면, 주의 제자가 되기에 합당치 못하다"고 말씀하신 내용을 결코 이해할 수 없을 것이다.

여러분이 모든 것을 포기하고 그리스도를 따르지 못하는 것은 아마도 여러분의 나약한 삶 때문이 아닌가?

또 한 가지 이유가 있다면 성령께서 아직 여러분의 심령 속에서 충만케 되지 못했기 때문이 아닌가?

2. 제자들은 주를 따르기 위해 주님을 깊이 사랑했다

예수님은 말씀하셨다.

"만일 너희가 나를 사랑하면 나의 계명을 지키라 내가 아버지께 구하리니 그가 보혜사를 보내주시리라."

참으로 그들은 주님을 깊이 사랑했던 사람들이다. 그들은 주께서 십자가에 못박히시는 것을 보았지만 마음만은 결코 그분을 떠나지 않았다. 그분이 계시지 않는 한 그들에게는 소망도 없었고 이 땅에서 기쁨과 위로도 찾을 길이 없었다.

우리의 신앙 가운데 결핍되어 있는 것이 바로 그런 점이다. 우리는 예수님을 믿고 또 갈보리 언덕에서 이루어진 속죄 사역도 확신한다. 우리는 그분을 유일한 구세주로 신뢰하되 우리를 구원해 주시기에 충분하신 분으로는 잘 믿는다.

그러나 사실상, 기독교는 뜨겁고 밀접한 주님과의 개인적인 접촉 그리고 매일매일 갖게 되는 그분과의 교제로 이루어진다. 기독교는 내가 친히 목격하지 못한 그분 곧 예수님을 나의 친구와 안내자, 그리고 날마다 나를 지켜주시는 분으로 삼을 뿐만 아니라 그분을 내가 순종할 지도자와 주인으로 모셔 들이는 의미를 가진다.

그런 사상을 함축하고 있는 종교가 과연 얼마나 되겠는가?

한 젊은 여선교사가 남아프리카로 와서 자신이 어릴 때부터 주 예수를 깊이 사랑했으며 또 경건한 친구들과 독실한 가정에서 어떻게 교육을 받았는지 나에게 간증한 바 있다. 그러나 그녀는 자신이 받은 더 큰 축복을 깨달았을 때 심각한 갈등을 일으켰다고 하였다. 나는 그녀에게 다음과 같이 말했다.

당신은 어릴 때부터 참으로 명랑하고 경건한 분위기 가운데서 성장해 왔습니다. 그 당시에 당신이 했던 생활과 그 이후의 생활 사이에 나타난 차이점이 있다면 무엇인지 말씀해 주실 수 있겠습니까?

그녀는 아주 간략하면서도 논리적인 대답을 했다.
"차이점이 있다면 주님과의 개인적인 교제를 갖게 된 일이지요."
그것은 갈등의 시초임에 틀림이 없다. 어떤 사람들은 그들이 믿는 종교 때문에 모든 것을 포기할 것이다. 왜냐하면 많은 거짓 종교를 신봉하는 사람들이 모든 것을 아주 쉽게 포기해 버렸기 때문이다. 그리고 혹자는 자기의 교회 때문에 모든 것을 포기한다. 또 어떤 사람은 자기의 동료 때문에 모든 것을 포기하기도 하고 자기의 동료 때문에 모든 것을 포기해 버리기도 한다.

그러나 여기에서 내가 말하고자 하는 바는 그런 것이 아니다. 우리는 주를 위해 모든 것을 포기하기 원하며, 또 그분이 우리의 생명 속에 들어오셔서 우리의 마음 가운데 있는 모든 것을 소유하시기를 바라는 것이다.

여러분의 삶이 인격적으로 예수님과 교제하며 그분을 즐거워하는 삶이라고 말할 수 있는가?

이 문제에 관하여 여러분의 지식이 완전한가 그렇지 못한가를 묻는 것이 아니라, 오히려 여러분이 정직하게 대답할 수 있는가를 묻고 싶다.

그것은 내가 앞으로도 추구할 바요, 그것을 위해 내 자신을 바칠 수 있는 것이며, 무엇보다도 내가 사모할 바이다.

예수 그리스도께서 날마다, 그리고 온종일 나를 소유하고 계신가?

3. 제자들은 자신들에 대해서 절망했던 경험이 있다

3년 동안의 교육을 받기 위해서, 처음부터 그들은 그들이 가지고 있던 모든 것을 포기하지 않으면 안 되었다. 그러나 3년이 다 지나서야 그들은 겨우 자신들을 포기하기 시작했다. 그들은 그물과 집과 친구들을 다 버렸다. 물론 옳은 일이었다.

그러나 3년이라는 시간 동안 그들의 자아는 또 얼마나 더 강해졌는가?

아이러니하게도 주님은 그들에게 '겸손'에 대해서 몇 번이나 말씀하셨는가?

하지만 그들은 주님을 이해할 수 없었다. 그래서 시간이 지날수록 '그들 가운데 누가 제일 큰가'에 대한 논쟁만 더해질 뿐이었다. 심지어 최후의 만찬석상에서까지 그들은 그것을 논했다.

"주님, 우리 중에 누가 큰 자입니까?"

그들은 그때까지도 자아를 포기하지 못했다. 이것은 그들이 그리스도의 정신으로 살지 못했음을 단적으로 보여주는 것이라고 할 수 있다.

그러나 주님은 그들을 가르치시고 또 훈련시키셨다. 때때로 주님은 교만에 빠지는 죄의 결과가 어떤 것이며 또 겸손의 영광이 무엇인지를 제자들에게 가르치셨다. 그러나 주께서 십자가 위에서 죽으실 때에야 비로소 제자들도 그들 자아의 비참한 죽음을 경험하게 되었다.

베드로를 생각해 보자. 그는 매우 박력 있는 제자였지만, 결국 주님을 부인하고 말았다.

하지만 주께서 십자가 위에서 죽으실 때부터 부활하실 때까지 베드로가 3일 동안 슬픔에 잠겨 있었을 것이라고 생각되지 않는가?

주님을 어떻게 대접했는가를 회고할 때 베드로는 참으로 비통하고 쓰라린 심정으로 지냈을 것임에 틀림없다. 그때 그는 자신에 대해 절망하는 법을 터득했을 것이다. 만찬석상에서 그는 얼마나 자신만만하였던가!

"모든 사람들이 다 주를 버려도 나는 버리지 않겠나이다."

그러나 예수께서 베드로의 육정과 더불어 십자가에

못박혀 죽으시고, 무덤에 묻히심으로 말미암아 그는 '자신에게 참으로 좋은 것이라고는 티끌 만큼도 없다'라는 사실을 깨닫게 된 것이다. 이것은 그가 이제 자신에 대해 절망하는 법을 배웠다는 말이다.

아마도 여러분은 자신이 주를 위해 모든 것, 즉 재산과 집과 친구와 직업까지도 버렸으며, 또 주님을 매우 사랑하는데도 그것이 왠지 옳은 것 같지 않으며 그렇다고 원하는 축복을 받는 것도 아니라는 생각이 들지도 모른다.

그러나 여러분은 하나님께서 탐조등을 비추어 여러분 자신 속에 숨어 있는 자기 의지와 자기 신뢰가 얼마나 강하게 작용하고 있는지 들추어 내시기를 원하는가?

예를 들어, 사람들에 대한 여러분의 판단을 생각해 보라.

여러분은 자신이 좋은 대로, 그리고 옳다고 생각하는 대로 말해 버리는 경향이 있지 않은가?

또한 예수님의 온유와 겸손 및 그분의 부드러움에 대해서는 일고의 가치를 인정하지 못하고 있지 않은가?

그것이 바로 '이기심'이다. 여러분은 그분을 위해 일한다. 그리고 선행을 하려는 것도 사실이다. 그러나 그것은 사실상 여러분 자신의 일일 뿐이다. 그리스도인으로서 여러분은 주의 일을 하면서 하나님을 바라보며, 도움과 축복을 간구한다. 그럼에도 불구하고 그것은 하나님의 일이 아니다. 하나님은 먼저 우리 개개인 모두가 죽음의 위치에까지 내려가기를 원하신다.

여러분은 예수님의 죽음이 어떤 의미인지 알고 있는가?

그것은 다음과 같은 의미를 함축할 것이다. 예수님은 하나님 아버지께 기도했다.

> 여기에 귀한 나의 생명, 그리고 죄 없는 나의 생명을 아버지께 드리나이다. 나의 생명을 당신께 복종시키며, 또 죽음으로써 당신께 드리려고 하나이다.

주님은 운명하실 때에도 "나는 나 자신을 포기하며, 오직 당신의 손에 나의 영혼을 위탁하나이다"라고 기도했다. 그 뒤에 어떤 일이 일어났는지 여러분은 잘 알 것이다.

예수님이 자신을 완전히 부인하고 또 사망과 음부의 깊은 그늘에까지 내려갔을 때에 하나님께서 그분을 일으키시고 새 생명과 새로운 영광, 그리고 새로운 능력을 주셨다. 하나님께서 그분을 음부로부터 영광의 자리로 일으키셨다. 그것은 참으로 부활의 비밀을 지닌 죽음이었던 것이다.

여러분도 성령의 충만함과 영광스러운 부활의 생명을 누리고 싶다면, 먼저 여러분의 자아가 죽어야 한다.

사도들은 철저하게 자아의 절망을 경험했던 사람들이며, 또 모든 것을 포기하고 오직 하늘로부터 하나님께서 내려주시는 모든 것을 받을 준비가 되어 있던 사람들이었다.

4. 제자들은 주의 약속을 믿음으로 받아들였다

마지막 날 밤에 그리스도께서 제자들에게 성령에 관한 말씀을 여러 번 하셨다는 사실을 여러분은 기억할 것이다. 또 승천하시기 직전에도 주님은 "너희가 몇 날이 못되어 성령으로 세례를 받으리라"고 말씀하셨다.

만일 여러분이 주께서 하신 말씀이 무슨 뜻인지 이해했느냐고 제자들에게 묻는다면, 내가 확신하기에 그들도 주님의 의도를 파악했다고 대답하지 못할 것이다. 그들은 아마도 우리가 지금 알고 있는 것만큼 확실히 이해하지 못했을 것이다. 또한 장차 무엇이 올 것인가 생각조차 못했을 것이다.

그러나 그들은 예수님의 말씀을 마음에 간직했다. 그리고 그 10여 일 동안에 어떤 논쟁거리가 생길 때마다 그들은 이렇게 확신했을 것이다. 주님이 이 땅에 계셨더라면 틀림없이 그들을 위해 어떤 놀라운 일을 행하셨을 테지만, 지금 주님은 영광 중에 계시기 때문에 더욱 무한하고 놀라운 기적들을 많이 행하실 수 있을 것이라고 말이다. 그들은 그런 역사를 기다리고 있었던 것이 확실하다.

나는 여러분이 이 약속을 믿음으로 받아들이고, 또 다음과 같이 고백하기를 바란다.

"성령을 충만하게 주시겠다는 그 약속은 바로 나를 위한 것이다. 내가 그 약속을 주께로부터 받았다."

아마도 여러분은 그것을 이해할 수도 없고, 느끼고 싶은 대로 느낄 수도 없을지 모른다. 여러분은 오히려 자신의 연약함과 죄인 됨을 느낄 뿐만 아니라, 주님과 멀어진 것처럼 생각할 수도 있다.

그렇게 할 준비가 되어 있는가?

여러분은 그 약속과 주의 말씀과 예수님의 사랑을 믿음으로 신뢰할 준비가 되어 있는가?

내가 확신하기에, 자신의 결핍이 무엇인지, 또 어떤 사람이 진실하고 온전하게 예수님께 헌신할 수 있고 먼지 구덩이에서처럼 겸손하게 자신을 낮출 수 있는지를 알기 위해 힘쓰고 애쓰는 그리스도인들이 많이 있다. 그러나 그 결핍이 주께서 약속하신 것이고 또 주님께서 그 약속을 반드시 지키실 것이라는 사실을 단순하게 고백하고 있지는 못하다.

여러분이 하나님으로부터 어떤 약속을 받았을 때, 그것은 이미 성취된 것이나 다름없는 가치가 있다는 사실을 상기시킴으로써 당신을 격려하고 싶다. 한 약속을 통해서 여러분은 하나님과 직접적으로 교통할 수 있게 된다. 여러분이 할 일은 오직 약속을 신뢰함으로써 그분을 공경하고 또 순종하는 것이다.

여러분이 준비되어 있다면 하나님은 그것을 잘 알고 계실 것이다. 또 어떤 해결책이 요구될 때에 여러분이 그분을 믿기만 한다면 그분은 여러분을 위해 반드시 응답해 주실 것이다. 약속을 받고 또 성령 충만이 바로 나 자신을 위해 약속되었다는 사실을 고백만 하면 되는 것이다.

5. 제자들은 믿고 합심하여 기도하며 기다렸다

기도함으로 하나님의 약속을 기다렸다는 말이다. 그들은 기다리면서 한마음으로 기도했다. 기도와 간구가 찬양과 합하여 하나님께 드려졌다. 그들은 하나님이 하늘에서 무엇인가 해주시기를 기대했다.

여기에서 나는 여러분에게 이에 대한 중요성을 강조하고 싶다. 그리스도인들이 성경 말씀을 읽고, 그것을 이해하고 사색하며, 간구하고 부르짖으며, 또 받기를 원하면서도 막상 거기에 사로잡히는 일은 기를 쓰고 거부하는 경우를 많이 보게 된다.

왜 그런가?

그것은 그들이 하나님의 응답을 끈기 있게 기다리지 못하기 때문일 것이다. 어떤 축복이나 받아 누리겠다는 생각으로 사색하거나 이해하지 않기를 바란다. 하나님을 바라보라. 그리고 하나님께서 무슨 일을 해주시기를 기대하라. 여러분이 믿을 수 없는 일인지 모르지만, 나는 축복을 받기 때문에 신앙생활을 한다는 잘못된 신앙을 가지고 있는 사람들을 많이 만나 보았다.

믿음으로 나는 그 약속을 물려주고 싶다. 하나님을 믿고 신뢰하라. 그분을 앙망할 때 축복이 찾아올 것이다.

오직 성령으로 충만함을 받으라 엡 5:18

제2장 성령이 주신 4가지 복

그들이 다 성령의 충만함을 받고 성령이 말하게 하심을 따라
다른 언어들로 말하기를 시작하니라 행 2:4

오순절 날, 제자들의 생명 속에 일어났던 그 놀라운 변화의 역사를 지적하는 것보다 더 분명한 성령 충만의 축복을 제시할 수 있다고 생각하지 않는다. 그것은 성경 가운데 나타나는 가장 놀라운 실물 교육 중 하나이다.

열두 제자들이 무려 3년간이나 그리스도께 훈련을 받았지만, 그들은 여전히 그들에게 요구되는 삶의 수준에 훨씬 못 미치는 정도였다. 그런데 '성령의 내주'라는 축복을 통해서 그들은 한 번에, 완전하게 하나님이 요구하시는 수준의 인물이 되었다. 그렇다면 성령의 내주로 제자들이 받게 된 복을 고찰해 보자.

1. 예수님과의 관계가 변화되었다

예수께서 이 땅에 계실 때에 그들은 주님을 그들의 심령 가운데 모셔 들일 수 없었다. 주님이 그들과 아주 가까이 계셨고 또 그들을 지극히 사랑하셨지만, 그분은 그들의 몸 밖에 계시며 그들과 분리될 수밖에 없었다. 한편으로 이렇게 말하는 것이 매우 조심스럽기는 하지만, 성령께서 강림하실 때까지는 그리스도의 제자 훈련이 완전하게 성공적이었다고는 볼 수 없다.

그리스도는 때때로 그들에게 겸손을 가르치셨다.

나는 마음이 온유하고 겸손하니 나의 멍에를 메고 내게
배우라 마 11:29

주님은 다른 때에 또다시 "자기를 낮추는 자가 높아지
리라"는 말씀도 교훈해 주셨다. 그럼에도 불구하고 제
자들은 최후의 만찬석상에서까지 자기들 가운데 누가
큰 자인가 하고 싸우지 않았던가. 그리스도께서 그들의
교만을 완전히 꺾지 않으신 것이다. 그렇다고 이것이 주
님의 신적 교훈의 결핍이라고는 볼 수 없을 것이다.

그 이유가 무엇인가?

오직 한 가지 이유가 있을 뿐이다. 그리스도께서 그
들의 몸 밖에 계시며, 또 그들의 심령 가운데 들어가 거
하실 수 없었기 때문이다. 또한 그것이 가능하지 않았
던 이유는 아직 때가 이르지 않았기 때문이었다. 그래서
그 거룩하시고 전능하시고 복된 구세주께서 그들과 함
께 계셨음에도 불구하고 아직은 그들의 몸 밖에 계실수
밖에 없었다.

그러므로 제자들은 예수님의 의도와는 얼마나 동떨어
진 삶을 살았던가!

심지어 그리스도께서 직접 가르치셨음에도 불구하고
성령께서 그들 가운데 들어오셔서 역사하지 않는 한, 그
외부적인 가르침이나 성경 가운데 나타난 그분의 말씀
은 충만하고 진정한 축복으로 제자들을 인도할 수도 없

고, 또 제대로 교훈할 수도 없었다.

그러나 오순절 날에 얼마나 놀라운 변화의 역사가 일어났는가?

> 그날에는 내가…너희 안에 있는 것을 너희가 알리라
> 요 14:20

이 말씀은 무엇을 의미하는가?

여러분이 여러분의 집 안에 들어가 있는 것처럼 그리스도께서 우리 속에 들어오시겠다는 말인가?

아니다. 내가 집에 살지만 나는 그 집을 떠나서 다른 곳으로 갈 수도 있다. 그 집과 나는 생명과도 같이 극히 중대하게, 유기적으로 관계되어 있는 것은 아니다.

한편으로 조심스럽기는 하지만, 그러나 나는 감히 예수 그리스도는 그들의 심령과 생각, 그리고 감정을 충만하게 점유하고 계실 정도로 관계되어 있었다고 말할 수 있다. 베드로와 야고보, 요한에게 그리스도께서 함께하셨던 것처럼 만일 우리가 그 살아 계신 그리스도를 우리 가운데 모시기만 한다면, 여러분과 나는 그들보다 더 위대한 삶의 변화를 체험할 수도 있을 것이다.

그런 변화는 어떻게 일어날 수 있는가?

성령으로 일어날 수 있다.

그 날에는(즉 성령이 임하실 때에는)…내가 너희 안에 있는 것을 너희가 알리라 나의 계명을 지키는 자라야 나를 사랑하는 자니 나를 사랑하는 자는 내 아버지께 사랑을 받을 것이요 나도 그를 사랑하여 그에게 나를 나타내리라… 내 아버지께서 그를 사랑하실 것이요 우리가 그에게 가서 거처를 그와 함께 하리라 요 14:20-23

여러분은 진심으로 그렇게 되기를 원하지 않는가?

나는 지금까지 베들레헴에서 탄생하신 예수님과 갈보리 언덕에서 십자가 위에 높이 달리신 예수님, 그리고 보좌에 앉으신 예수님을 생각하며 그분을 사랑하고 경배하고 즐거워해 왔다. 그러나 항상 좀 더 나은 것, 좀 더 심오하고 또 그분께 가까이 나아갈 수 있는 무언가를 원해 왔다.

살아 계신 그리스도를 여러분의 심령 가운데 모셔 들이는 것이 여러분의 원하는 바가 아니었단 말인가?

그것이 바로 성령께서 여러분에게 주실 수 있는 선물이다. 이 축복을 받기 위해서는 여러분이 자신을 부인하고, 성령의 충만을 받음으로써 축복된 예수께서 여러분을 소유하실 수 있도록 하지 않으면 안 된다.

그것이 바로 여러분이 진심으로 원하는 바가 아니었는가?

전능하신 분, 십자가 위에 달려 죽으시고 지금은 부

활하셔서 보좌 위에 앉아 계신 분, 또 인간의 몸을 입으시기까지 낮아지신 바로 그 예수께서 여러분의 심령 가운데 거하시는 것 말이다. 그것을 위해서 성령께서 오셨다.

예수께서 말씀하셨다.

> 그러나 진리의 성령이 오시면 그가 너희를 모든 진리 가운데로 인도하시리니 그가 스스로 말하지 않고 오직 들은 것을 말하며 장래 일을 너희에게 알리시리라 요 16:13

그러면 그리스도의 영광이란 무엇을 뜻하는가?

바로 그분의 사랑과 능력을 가리킨다. 성령께서 우리 가운데 그리스도를 계시해 주실 것이고, 그렇게 되면 그리스도의 놀라운 사랑은 거룩한 방법을 통하여 우리 삶의 실제가 되고, 그리스도께서 우리를 소유하시고 그리스도의 능력이 우리의 심령을 다스리게 될 것이다.

여러분은 에베소서의 놀라운 기도를 잘 알고 있을 것이다.

> 그의 영광의 풍성함을 따라 그의 성령으로 말미암아 너희 속사람을 능력으로 강건하게 하시오며 믿음으로 말미암아 그리스도께서 너희 마음에 계시게 하시옵고
> 엡 3:16-17

성령의 전능하신 능력은 그것을 능히 하실 수 있다. 성령은 그리스도께서 우리의 심령 가운데 거하실 수 있도록 인도해 주신다.

2. 예수님과 항상 같이 있을 수 있게 되었다

제자들은 항상 주님과 함께 있을 수는 없었다. 한번은 예수께서 그들을 바다 건너편으로 먼저 보내시고, 자신은 산에 머물러 기도하고 계셨던 사실을 여러분은 알고 있을 것이다.

또 다른 때에는 제자들 가운데 세 사람만 산으로 데리고 가시고, 나머지 제자들은 산 아래에 머무르며 바리새인들을 만났고 또 귀신을 쫓아내지 못하게 되는 곤경에 빠졌던 사실도 기억할 것이다. 그러다가 드디어 이별의 순간이 찾아왔는데, 그 무서운 죽음으로 말미암아 이 세상에 남아 있는 제자들과 어쩔 수 없이 이별해야 하는 순간이었다.

그렇다. 그리스도는 그들의 생명이었음에 틀림없다. 그럼에도 불구하고 어느 때는 그들이 그리스도와 함께 있을 때도 있었고 함께 있지 못할 때도 있었다. 제자들은 주님과 더불어, 주님의 곁에 가까이 있었지만 어느 때는 군중들이 밀려와 그분을 둘러싸고 있었기 때문에 예수님의 제자들이라 할지라도 주님께 가까이 나아갈 수 없었던 때도 있었던 것이 사실이다.

그러나 성령으로 말미암아 예수께서 우리의 심령 가운데 거하신다는 것은, 깨어지지 않고 지속적으로, 영원토록 계속되는 그분의 임재를 뜻하는 것이다.

그것이 바로 여러분이 진심으로 원하는 바가 아닌가?

그렇게 될 때야 비로소 일주일을 살든 한 달을 살든, 항상 기쁨 가운데서 우리의 심령이 즐거움의 찬송을 부르며 살 수 있게 된다는 사실을 여러분은 알지 못하는가?

그러다가 변화가 일어나기도 한다. 어느 때는 육체적 질병이나 심리적 갈등으로, 그리고 이생의 염려나 걱정으로, 그것도 아니면 패배감에 사로잡히는 형태로 증상이 나타날 수도 있다.

내가 그것을 어떻게 당신에게 다 말해줄 수 있으며, 또 나 자신이 그것을 어떻게 정확하게 파악할 수 있겠는가?

하지만 예수님은 여러분을 사랑하신다. 그분은 단 1초라도 여러분과 떨어져 있기를 원치 않으시며, 또 그렇게 하지 않으시는 분이시다. 우리가 예수님의 사랑을 믿기를 원한다. 어머니는 자기 품안에 있는 자식을 지극히 사랑한다 하지만, 지금까지 그 어떤 어머니도 하나님의 아들이신 그리스도께서 여러분을 사랑하시는 것만큼 사랑하지는 못했다.

그분은 여러분과 더불어 가장 친밀한 관계를 유지하기 원하시며, 또 결코 단절되지 않는 영속적인 교제를 나누기를 바라고 계신다. 그 같은 사실을 명심하고 다음과 같이 말해보라.

> 나로 하여금 성령으로 충만케 하셔서 예수께서 내 심령 가운데 항상 거하실 수 있는 것이 가능하다면 하나님이여! 나를 도우셔서 그렇게 하여 주시옵소서!

또다시 그들의 내적 생명 가운데 나타난 변화의 역사를 살펴보도록 하자.

오순절 날이 이를 때까지 그들의 삶은 실패와 나약함 그 자체였다. 나는 이미 그들의 교만에 대해 언급한 바 있다. 그리스도께서 종종 그들의 교만에 대해 책망하셨던 것도 사실이다. 그리고 그들이 얼마나 주께 충성스러운 사람들이었는가는 여러분도 잘 알 것이다.

하지만 그들의 교만과 자만심은 그들로 계속적으로 실패를 맛보게 하는 원인이 되었다.

베드로는 주를 향해 "주여! 나는 결코 당신을 부인하지 않겠나이다"라고 말했고, 다른 제자들도 한결같이 그렇게 고백했다. 하지만 그 이후로 몇 시간이 못 되어, 그들은 주님을 부인하고 말았다. 교만과 자만심의 결과가 틀림없다. 그들은 자기 본성의 악함을 깨닫지 못했다.

예수님은 여러 가지 방법으로 그들에게 겸손을 가르치셨다. 그러나 그들의 나약함 때문에 항상 좋은 결과가 있었던 것은 아니다. 베드로는 "내가 주와 함께 옥에도, 죽는 데에도 가기를 각오하였나이다" 눅 22:33 라고 장담했지만, 그는 한 여종의 말에 맹세하고 또 저주하면서까지 예수님을 모른다고 부인해 버리고 말았다.

얼마나 나약한 인생인가!

그러나 오순절을 경험한 이후에 얼마나 큰 변화가 일어났는가?

그들이 죄를 완전히 극복했다고는 말하지 않겠다. 왜냐하면 그것이 직접적인 투쟁의 방법으로 왔다고는 생각되지 않기 때문이다. 그러나 성령(하나님의 영)께서 그들의 생명 가운데 찾아오셨을 때, 그들은 죄로부터 그들을 구원해 주시는 살아 계신 예수님의 능력과 권세로 충만하게 채워졌다.

예수님의 위대한 사역이 죄를 소멸하시는 것임을 여러분은 잘 알고 있을 것이다.

그러면 그분은 어떻게 죄를 소멸하시는가?

많은 그리스도인들은 그분이 십자가 위에 달리심으로 죄를 소멸하셨다고 믿는다. 한 걸음 더 나아가 또 다른 사람들은 그분이 하늘에서 우리의 죄를 없애 버리시고, 자기를 깨끗하게 하시며 또 보전하시는 것으로 생각한다.

그러나 실제적으로 죄를 없애 버리는 일은 다음과 같은 순서에 따라 진행된다. 이는 마치 빛이 들어올 때 어둠이 물러가는 원리와 같다. 그리스도의 임재, 다시 말해서 성령으로 말미암아 그리스도께서 내주하시게 될 때, 그때야 비로소 우리들은 거룩하게 된다.

그 제자들에게 얼마나 놀라운 변화가 일어났는가!

그들을 죽이겠다고 위협하는 공의회 의원들 앞에서도 얼마나 담대하게 응수했던가를 생각해 보라. 그들은 죽음 앞에 굴하지 아니하고 대답하였다.

> 사람보다 하나님께 순종하는 것이 마땅하니라 행 5:29

결국 그들은 옥에 갇히게 되었다. 그러나 그들은 한밤중에 하나님을 찬송했다.

성령께서 그들의 심령 가운데 얼마나 놀라운 변화를 일으키셨는가!

그러면 그것은 우리들에게 무엇을 교훈해 주는가?

우리는 종종 자기 중심적인 삶과 성령의 삶을 비교하여 말한다. 아마도 여러분이 자주 이런 고백을 했는지 모르겠다.

"주여! 어떻게 하면 이기적인 삶을 청산할 수 있습니까?"

그리고 하나님의 손길이 여러분의 심령 깊은 곳을 어

루만지고 계심을 발견하고 이렇게 고백해 본 일이 있는지 모른다.

"오, 하나님이여! 내가 지금까지 실패한 것은 바로 나 자신의 자만심과 이기심, 그리고 자기만족 때문이었습니다."

매사에 자신만을 내세우는 그 저주스러운 이기심, 그것을 추방할 수 있는 능력은 오직 예수 그리스도의 내재로 말미암아 오는 능력 외에는 아무것도 없다.

아마도 여러분은 그런 일이 어떻게 이루어지며, 또 얼마나 많은 죄들이 아직 남아 있고, 반면에 얼마만큼의 죄들이 없어지는가에 대한 어떠한 신학적 정의로 말미암아 혼란스럽게 될지도 모르겠다.

그러나 우리가 확신해야 될 중요한 사실은, 여러분이 비록 모든 것을 이해할 수 없고, 또 설명할 수 없지만 여러분이 받을 그 거룩케 하시는 영이 바로 여러분 자신의 심령 가운데 거하시는 예수님의 거룩한 영이라는 사실과 또한 여러분이 그 거룩한 영으로 인해 만족하게 될 것이라는 사실이다.

성령의 충만을 받으면 여러분은 자신의 심령 가운데서 축복된 성화聖化의 사역을 촉진시킬 수 있는 하나님의 거룩케 하시는 능력도 소유하게 될 것이다.

3. 사랑의 정신으로 하나 되었다

그들의 쟁점에 대해서는 이미 상고해 보았다. 그들은 이기심으로 가득 차 있었고, 사랑의 정신은 매우 결핍되어 있었다. 그러나 성령께서 임하셔서 그들 개개인들의 심령 속에 역사하셨을 뿐만 아니라 그들 모두에게 감동을 주심으로 그들은 서로 연합하여 한 몸이 되었고, 예수님의 한 지체들임을 깨달을 수밖에 없었다. 결국 그들은 서로 사랑함으로써 처음에는 상상조차 할 수 없는 일을 실천할 수 있게 되었던 것이다.

그들 대부분은 서로가 전혀 알지 못하는 낯선 사람들이었지만 그들은 자기의 물건과 재산을 자기의 것으로 여기지 않고, 모든 것을 팔아 공동으로 함께 사용하기 시작했다. 이것은 성령이 그들에게 강림하신 결과였으며, 또한 하늘에 계신 하나님의 사랑이 그들의 심령 가운데 거하셨기 때문에 일어난 일이었다.

그렇다면 이것은 여러분이 느끼는 가장 큰 어려움이 바로 동료 그리스도인과의 관계라는 사실을 망각했다는 말인가?

함께 일하는 사람들이 성격과 개성이 서로 달라서 너무나 쉽게 마찰을 일으키는 경우를 우리는 종종 보게 된다. 신학적인 진리의 문제나 또 그리스도의 행적에 대한 실제적 적용 방법이 서로 달라서 학문적인 논쟁을 하거나, 구두로 논쟁하게 되는 경우도 적지 않은 것은 숨길 수 없는 현실이다.

오, 이 땅 위의 그리스도의 교회에 얼마나 많은 분쟁이 일어나고 있는가!

심지어 하나님을 사랑한다고 고백하는 사람들과 거룩한 삶을 추구한다고 하면서 온전하게 헌신하는 삶을 산다고 주장하는 사람들마저 끊임없이 분쟁으로 나누어지는 일이 계속되고 있지 않은가?

서로 하나가 되자고 외치는 경건한 그리스도인들이 얼마나 되는가?

그들은 나의 단점이 무엇인가를 지적할 수 있고, 나 또한 그들의 잘못이 무엇인지를 지적할 수 있다. 그러나 서로의 차이점을 분명하게 파악할 수 있으면서도 "우리의 모든 차이점에도 불구하고, 한 아버지 앞에서 서로 끊을 수 없는 교제를 나누고 싶다"고 주장함으로써 일치됨을 강조할 만한 그리스도인은 거의 없다.

여러분은 하나님의 모든 자녀들, 즉 여러분의 교단에 소속되지 않은 모든 하나님의 자녀들까지 진심으로 사랑할 수 있는 사랑의 정신으로 차고 넘치기를 원하는가?

그리고 다른 사람들에게 사랑의 불길을 붙일 수 있는 사랑의 마음을 갖고 싶은가?

또 여러분은 하늘로부터 흘러나오는 그 사랑이 여러

분에게도 흘러나오기를 원하는가?

그리고 자신을 희생하신 예수님의 사랑이 여러분을 사로잡음으로써, 여러분이 참고 인내하여 하나님의 어린양이신 그리스도의 오래 참으심과 부드러움과 겸손, 그리고 온유함을 가지고 비록 사랑을 줄 수 없는 사랑스럽지 못한 사람들이라 할지라도 기꺼이 도와주고, 또 그들을 섬기는 자가 될 수 있기를 원하지 않는가?

그렇게 되려면 성령으로 충만케 될 필요가 있다. 그것을 위해 부르짖고, 간구하고, 수용해야만 한다. 성령을 충만하게 받기까지는 잠잠히 있어서는 안 된다.

성령은 예수 그리스도를 십자가에 죽게 하심으로 말미암아 우리를 살리시는 하나님의 사랑의 영이다. 그러므로 우리가 성령을 받으면 하나님의 사랑이 우리들의 심령 가운데 차고 넘치게 되며, 또한 하나님은 우리를 새롭게 하심으로 과거와는 전혀 다른 새로운 존재로 만드신다.

4. 사역이 변화되었다

성령을 충만하게 받는 일은 가장 중요한 일 가운데 하나였다. 하나님께서 그들을 인도하여 주셨던 일에 대해 한편으로 감사하면서도, 다른 한편으로 색다른 그 무엇을 원하는 그리스도인 사역자들이 많이 있다. 예수를 증거하는 일이 기쁜 것은 사실이지만, 하나님께서 자신을 그분의 도구로 사용하고 계심을 항상 의식하는 것은 아니라고 그들은 고백한다.

그러나 하나님은 모든 사역자들이 그런 확신을 가지고 일하기를 원하신다.

얼마나 많은 교회학교 교사들과 성경을 가르치는 교사들이 다음과 같이 고백할 수 있을까?

> 나는 약하고 우매하지만 하나님께서 나를 사용하고 계심을 확신하고 있습니다. 왜냐하면 나는 나 자신을 그의 장중에 맡기고 또 그분을 위해서라면 그분의 모든 뜻에 동의할 수 있기 때문입니다. 나는 나의 사역이 보잘것없는 것이라 할지라도, 그것을 염려하지 않습니다. 다만 내가 종종 부끄러워하는 것은, 내가 나 자신을 하나님의 장중에 의탁하여 그를 위해 쓰임받는 도구가 되어야 함에도 불구하고 나의 사역이 너무나 빈약하다는 사실뿐입니다.

온전한 겸손과 의지하는 마음, 그리고 자기를 부정하는 정신, 이것에 덧붙여 하나님께서 여러분을 사용하실 것에 대한 어린아이와 같은 확신을 가지고 항상 일한다면, 여러분에게 말로 다할 수 없는 기쁨이 있을 것으로 생각되지 않는가?

어떻게 하면 우리들에게도 그런 일이 가능하겠는가?

사도들을 생각해 보자.

주 예수께서 제자들을 세상에 보내실 때, 세 가지 일을 하도록 명령하신 사실을 우리는 성경에서 읽을 수 있다. '복음 전하는 일,' '병 고치는 일,' 그리고 '귀신을 쫓아내는 일'이 바로 그것이다. 그들이 돌아왔을 때 마지막에 나오는 두 가지 일, 즉 병 고치는 일과 귀신을 쫓아내는 일에 대해서는 그들이 언급한 바 있지만 개종改宗에 관계된 일에 대해서는 한 마디의 언급도 찾아볼 수 없다.

나는 그들의 복음 전파가 큰 효과를 가져왔다고는 생각하지 않는다. 당연한 결과가 있어야 했음에도 불구하고, 그들의 전파가 어떤 효과를 가져왔는지에 대해서 우리는 아는 바가 없다.

그러나 오순절을 경험한 후, 그들이 외치는 복음 전파의 메시지를 들어보자.

베드로뿐만 아니라 모든 제자들이 함께 소리를 높여 하나님의 놀라운 역사를 선포하지 않았는가?

얼마나 큰 축복인가!

그 일은 계속되었다. 그들은 얼마나 용감했으며, 또 얼마나 담대했는지 모른다. 그들은 사마리아 땅으로, 그리고 가이사랴 땅으로 갔다. 그리고 안디옥으로도 가서 하나님의 복음을 전파했다. 이렇게 하여 불과 수년 내에 복음은 온 유럽에 편만하게 전파되었다. 바로 성령의 능력을 통해서 그렇게 되었다.

그런 능력이 우리의 사역에도 나타나기를 바라며, 성령의 조명과 지혜가 우리 앞에 있는 넓은 일터에서, 그리고 동시에 우리 이웃의 복음화 사역에서 나타나기를 바랄 뿐이다. 나는 이방 세계를 일깨우며, 또 해외 선교에 갖는 모든 관심들로 인하여 하나님께 감사를 드린다. 그러나 다른 한편으로, 사람들이 무관심한 다른 분야에 대해서 걱정이 되는 것도 사실이다.

우리들이 살고 있는 집과 교회 주변에는 아직도 회심하지 못한, 우리가 알고 있는 많은 사람들이 살고 있지 않은가?

이 일을 수행하기에 합당하도록 우리들이 성령의 지혜와 능력을 받을 필요가 있지 않은가?

그리고 우리들에게 성령의 조명과 영감이 필요하지 않은가?

새로운 사랑의 정신과 담대함을 가지고 기도하며, 또 인내함으로 일할 수 있는 능력이 우리에게는 필요하다. 또 한편 극동 지역과 아프리카에 살고 있는 사람들을 바라보면서 동시에 우리들이 늘 접촉하며 살고 있는 사람들에게도 복음을 전할 필요가 있다.

하지만 무엇보다 우선적으로 알아야 할 한 가지 사실이 있다. 오순절과 그 이후로 줄곧 성령께서 친히 이 모든 일들을 수행하셨다는 사실이다. 담대함을 주신 것도 성령께서 하신 일이요, 지혜와 말씀과 회심케 하는 능력을 주신 것도 성령의 사역이었다.

이제 나는 능력을 필요로 하는 자들에게 다음과 같은 말을 하고 싶다.

진심으로 여러분이 그것을 원한다고 말할 준비가 되어 있는가?

나는 알고 있다. 예수께서는 나 혼자만의 힘을 가지고 전쟁을 감당하라고 보내지 않으셨다. 그분은 결코 나의 개인적인 힘을 가지고 복음을 전파하고 또 가르치도록 명령하지 않으셨다. 오히려 예수님은 나로 하여금 성령의 충만을 받도록 명령하신 것이다.

예수님은 내게 교회학교 어린이들을 가르치라고 명령하지 않으셨다. 오히려 예수님은 나로 하여금 성령의 충만을 받도록 명령하신 것이다. 내가 교회학교 어린이들을 가르치는 일이나 성경을 가르치는 교사의 직책과 같은 작은 일을 맡았든지, 아니면 그보다 더 큰 일을 맡았든지 간에 나에게 필요한 것은 오직 성령의 능력이며, 또 성령을 충만하게 받는 일뿐이다.

여러분은 이것을 예수님께로부터 받을 준비가 되어 있습니까?

주님은 그것을 여러분에게 주시기를 좋아하신다. 하나님은 자기 아들을 영화롭게 하는 것보다 더 좋아하시는 것이 없으며, 또 우리의 영혼에 성령을 충만하게 채워주실 때에 예수님을 영화롭게 하는 것으로 생각하신다. 왜냐하면 그때서야 비로소, 그가 그들을 위해 하실 수 있는 바가 무엇인지 증명할 수 있기 때문이다.

여러분에게 4단계의 고백을 권하고 싶다.

첫째, "나는 성령으로 충만케 되어야만 한다."

심령 깊은 곳으로부터 그것을 하나님께 말해 보라. 하나님은 그것을 명령하셨다. "성령 충만을 받지 않고서는 나는 나의 삶을 살 수 없노라"고 고백해 보자.

둘째, "나는 성령의 충만을 받을 수 있다."

그것은 가능하다. 그 약속은 바로 나를 위한 것이다. 그것을 확신하라. 그러면 모든 의심이 사라질 것이다. 과거에 교만과 이기적인 삶으로 가득 차 있던 그 사도들이 성령으로 충만케 된 것은 그들이 예수님께 집요하게 매달렸기 때문이다. 여러분이 죄로 가득 차 있다 할지라도 그분에게 매달리기만 하면 여러분 역시 성령으로 충만케 될 수 있다.

셋째, "나는 성령으로 충만케 될 것이다."

값비싼 진주를 얻기 위해서라면 여러분이 가지고 있는 모든 것을 다 팔아야 하지 않겠는가?

여러분의 모든 것을 포기하지 않으면 안 된다. "주여! 오늘 당신으로부터 나는 그것을 가질 수 있기를 원합니다"라고 고백해 보자.

넷째, "나는 성령으로 채워질 것이다."

하나님은 성령을 부어주시기를 좋아하시며, 나는 그것을 받을 수 있다. 그것이 홍수처럼 급하게 밀려오든지 아니면 깊은 고요속에서 임재해 오든지, 그것도 아니면 오늘이라는 시간에 오시지 않는다 할지라도 상관없다. 왜냐하면 하나님은 그것을 내일 주시기로 준비하고 계실 것이기 때문이다.

그러나 "나는 성령으로 채워질 것이다"라는 고백을 중단해서는 안 된다. 나 자신을 한 번 주님께 맡기면 주님은 나를 결단코 실망시키지 않으신다. 사람들에게 성령을 충만하게 베풀어 주시는 것이 그분의 본래적 성격이요, 하늘에서의 사역이며, 또 즐거움이기 때문이다.

그러므로 여러분은 다음과 같이 즉시 간구해 보지 않겠는가?

성령으로 충만케 되기를 원합니다. 나의 하나님이시여! 이것은 참으로 엄숙하고 장엄한 사실이며, 또한 너무나 과분하고도 진실된 것입니다.
주여! 성령으로 충만케 채워주시지 않으시겠습니까?
떨리는 마음으로 비오니 성령으로 충만케 해주시옵소서. 모든 죄로부터 구원해 주시고, 또 성령으로 채워주실 나의 구세주 예수님의 이름으로 간구하오니, 아버지여 나를 성령으로 충만케 해주시옵소서. 당신의 이름에 영광을 돌리나이다.

제3장 육에 속한 자와 영에 속한 자

형제들아 내가 신령한 자들을 대함과 같이 너희에게 말할 수 없어서 육신에 속한 자 곧 그리스도 안에서 어린 아이들을 대함과 같이 하노라 내가 너희를 젖으로 먹이고 밥으로 아니하였노니 이는 너희가 감당하지 못하였음이거니와 지금도 못하리라 너희는 아직도 육신에 속한 자로다 너희 가운데 시기와 분쟁이 있으니 어찌 육신에 속하여 사람을 따라 행함이 아니리요 어떤 이는 말하되 나는 바울에게라 하고 다른 이는 나는 아볼로에게라 하니 너희가 육의 사람이 아니리요 고전 3:1-4

사도 바울은 그리스도인들이 경험할 수 있는 두 종류의 상태가 있다는 것을 고린도 교인들에게 밝힘으로써 말씀을 전개하고 있다. 어떤 그리스도인들은 육신에 속한 사람들임에 반하여, 또 다른 그리스도인들은 영에 속한 사람들이라는 것이다.

하나님의 성령이 주신 통찰력을 가지고 사도 바울은 고린도 교인들이 육에 속한 사람들임을 지적하고, 또한 그것을 그들에게 일깨워 주기를 원한다. 여러분도 불과 4절밖에 안 되는 본문에서 "육신에 속한 자"라는 표현을 네 번이나 발견할 수 있을 것이다.

사도 바울은 신령하지 못한 자들에게 영적인 것을 말하면 그의 가르치는 일이 그렇게 좋은 결과를 가져올 수 없다는 사실을 감지할 수 있었다. 그들은 그리스도인들이었음에 틀림없다. 그러나 그리스도 안에 있는 어린아이들에 불과했다.

그들이 가지고 있는 치명적인 단점은 그들이 바로 "육에 속한 사람들"이라는 사실이다. 그래서 사도 바울은 "내가 너희들에게 신령한 삶에 대한 영적인 진리를 가르칠 수 없음은 너희가 그것을 감당할 수 없음이라"고 말한 것과 같다. 그들이 어리석기 때문이 아니다. 그들은 매우 영리했고, 또한 풍부한 지식을 가지고 있었다. 그러면서도 영적인 교훈을 이해할 수 없었던 것이다.

그것은 우리들에게 다음과 같은 교훈을 준다. 종종 축

복을 받았다가, 또 그것을 잃어버리는 그리스도인들이 모이는 교회가 가지는 문제는 바로 그들이 육신에 속한 사람들이기 때문이다. 또한 우리가 그 축복을 잘 간직하기 위해서 필요한 것은 우리가 신령한 사람이 되는 것밖에 다른 길이 없다.

육적인 생활이든지, 영적인 생활이든지 우리가 살기 원하는 그리스도인으로서의 삶의 방식을 선택하지 않으면 안 된다. 신령한 삶을 선택해 보라. 그러면 하나님께서 그 축복을 기꺼이 여러분에게 주실 것이다.

우리가 만일 이 가르침을 올바르게 이해하기를 원한다면 우리는 먼저 육에 속한 상태가 어떤 것인지를 철저하게 규명하지 않으면 안 된다. 그래서 나는 육신에 속한 상태에 관한 네 가지 분명한 특징을 다음과 같이 지적해 보려고 한다.

1. 연장된 유아기 상태

육에 속한 상태는 연장된 유아기 상태를 말한다. 회심한 이후 오랜 시간이 지났기 때문에 지금은 충분히 성년이 되어 있어야 함에도 불구하고 지금까지도 여전히 그리스도 안에서 어린아이의 상태에 머물러 있는 것을 뜻한다.

내가 너희를 젖으로 먹이고 밥으로 아니하였노니 이는 너희가 감당하지 못하였음이거니와 지금도 못하리라 고전 3:2

여러분은 어린아이에 대해서 잘 알고 있을 것이다. 유아기는 참으로 아름다움을 풍기는 때임에 틀림없다. 여러분은 아마도 6개월 된 아기보다 더 매혹적인 그 무엇을 발견할 수 없을 것이다. 발그스레한 두 볼, 방긋 웃는 얼굴, 자그마한 발가락으로 톡톡 튕기는 모습 그리고 그 작은 손가락들의 놀림 등은 참으로 당신을 매혹시키기에 충분한 것들이다.

얼마나 아름다운 대상인가!

그러나 6개월이 지난 후에도 그 아이가 조금도 성장하지 않았다고 생각해 보라. 부모들은 걱정하기 시작할 것이다.

"아이에게 무슨 일이 있는 것은 아닐까?

왜 자라지 못할까?"

그리고 3년이 지난 후에도 그 아이가 더이상 자라지 않는다면, 그 부모들은 틀림없이 슬픔에 잠기게 될 것이다. 그들은 말할 것이다.

"의사 말로는 아이에게 심각한 질병이 있어서 성장할 수 없다는군요."

여러분도 알다시피 합당한 기간의 유아기는 세상에서 가장 아름다운 때임에 틀림없다. 그러나 유아기가 너무 오래 지속된다는 것은 하나의 짐이고 슬픈 일이며, 질병의 적신호일 것이다. 많은 고린도 교인들의 상태가 바로 그런 것이었다. 그들은 계속해서 어린아이로 머물러 있었다는 말이다.

그러면 어린아이의 표시는 무엇인가?

특별히 두 가지로 표시될 수 있다.

첫째, 자신을 돌볼 수 없다는 점이다.

둘째, 다른 사람을 도와줄 수 없다는 사실이다.

어린아이는 자신을 돌볼 수 없다. 많은 그리스도인들이 그런 삶을 살고 있다. 그들은 목회자들을 영적인 부모처럼 만들어 버린다. 그들의 목회자들로 하여금 영적인 어린아이들을 보살피고 젖을 먹이는 데 많은 시간을 빼앗기도록 하며, 또 자신들을 스스로 돌보지 못한다는 사실은 참으로 심각한 일이 아닐 수 없다.

그들은 스스로 그리스도의 말씀을 먹을 수 없기 때문에 목회자가 그들을 먹여주어야만 한다. 또 그들은 하나님께 간구하는 법을 모르기 때문에 목회자가 그들을 위해 기도해 주어야만 한다. 그리고 그들은 하나님을 돕는 자로 모시고 사는 법을 알지 못하기 때문에 항상 양육을 받을 수밖에 없다.

이것이 바로 여러분의 입장이 아닌지 한번 조심스럽게 상고해 보라. 여러분이 어린아이에 대해서 잘 알고 있듯이, 항상 도움을 필요로 하는 유아가 많이 있다. 하나님에 대해서 배우고 훈련을 받아 장성한 사람이 되어야 함에도 불구하고 계속하여 유아기에 머물러 있는 그리스도인들이 많이 있다는 말이다. 그들은 자신을 돌볼 수 없기 때문에 한걸음 더 나아가서 다른 사람들도 도와주지 못한다.

히브리서에서 우리는 그와 똑같은 상황을 발견할 수 있다. 그것은 본문의 입장과 매우 흡사하다. 우리는 그들이 회심한 지 오래되어서 이제는 선생이 되어 있어야 함에도 불구하고, 계속해서 기독교의 초보를 넘어가지 못하는 안타까운 상태를 접하게 된다.

3개월밖에 안된 어린아이는 아직 육에 속한 사람이기 때문에, 바울이 말한 대로 죄가 무엇인지 구별하지도 승리를 얻지도 못한다고 해서 이상할 것이 없다. 그러나 1년이 지나고 또 2년이 지나도 과거와 다름이 없이 죄의 지배를 받는 상태에 머물러 있다면 근본적으로 잘못된 그 무엇이 숨겨져 있음에 틀림없다.

어린아이로 유아기에 그대로 머물러 있게 하는 것은 모종의 질병 외에 아무것도 없다. 혹시 지금까지 "나는 영에 속한 사람이 아니다"라고 말해 왔다면 앞으로는 이렇게 고백하기 바란다.

오, 하나님! 나는 육에 속한 사람입니다. 그리고 병든 상태입니다. 도움받기 원하오니 고쳐주시옵소서.

2. 죄와 실패가 주인 노릇을 하고 있는 상태

육에 속한 사람의 상태는 죄와 실패가 주인 노릇을 하고 있는 상태이다. 죄가 손을 높이 들고 있는 상태라는 말이다.

사도 바울은 육에 속한 사람들의 증거를 무엇이라 했는가?

그는 먼저 그들에게 다음과 같은 질문을 던짐으로써 그들이 육에 속한 사람들임을 증거하고 있다.

> 너희 가운데 시기와 분쟁이 있으니 어찌 육신에 속하여 사람을 따라 행함이 아니리요 어떤 이는 말하되 나는 바울에게라 하고 다른 이는 나는 아볼로에게라 하니 너희가 육의 사람이 아니리요 고전 3:3-4

그들은 이방인과 똑같이 행동했다. 그들은 거듭난 천국 백성처럼 성령의 능력과 사랑 가운데 살지 못했던 것이다.

여러분은 아마도, 우리를 사랑하시는 하나님께서 빛 가운데 계시며 또 사랑하는 일은 바로 그분이 내리신 지상 명령이라는 사실을 잘 알고 있을 것이다. 그리스도의 십자가는 하나님의 사랑을 확증하는 근거이며, 또 성령의 첫 번째 열매도 사랑이다. 그리고 요한복음 전체도 사랑을 강조하고 있다.

신경질적이고 교만과 시기와 분쟁에 동참하기를 좋아하는 것, 그리고 다른 사람들을 신랄하게 비판하는 것, 잘못을 범한 형제에게 마음을 열지 않고 용서하지 못하는 것, 그리고 이웃을 멸시하는 것 등은 모두 다 육에 속한 영의 열매들이다.

사랑으로 하지 않는 모든 것이 다 육적인 것이다. '육적'이라는 말은 라틴어로 '육체'라는 뜻이다. 그러므로 사랑으로 하지 아니하는 모든 것이 다 육체의 열매요, 또 육체의 일인 것이다. 육체는 이기적이요 교만하며 사랑을 알지 못한다. 그러므로 사랑할 줄 모르는 죄는 그 사람이 육에 속한 자임을 증거하는 것일 뿐이다.

여러분은 아마도 그것을 극복해 보려 했으나 결국 성공하지 못했다고 말할지 모른다. 여러분에게 지적하고 싶은 것은 바로 그 점이다. 여러분이 육적인 상태에 있을 동안에는 결코 성령의 열매를 맺으려고 시도하지 말라.

여러분이 사랑을 실천하기 위해서는 먼저 성령을 받아야만 한다. 그때 비로소 육적인 것이 정복될 것이다. 그리고 성령은 여러분에게 사랑을 실천하며 살 수 있는 정신을 주실 것이다. 세상에는 사랑에 위배되는 죄들이 실재하고 있을 뿐만 아니라 다른 종류의 많은 죄들이 있는 것도 사실이다.

혹자는 세속주의가 교회 속에 침투해 들어왔다고 말한다.

① 돈을 사랑하는 것,
② 사업에만 몰두하되 부를 증가시키기 위해 다른 사람들을 희생 제물로 삼는 것,
③ 사치와 쾌락과 권세만을 추구하는 것.

이런 것들이 육체적인 것들이 아니고 무엇이겠는가?

그러나 여러분이 세상 사람들과 같은 방법으로 산다면 그것은 육에 속한 사람들의 심령 속에 들어 있는 세속적인 정신이 바로 당신 속에도 들어 있다는 증거가 아니겠는가?

육에 속한 상태는 죄의 세력으로 지배를 받는 상태임이 판명되었다.

최근에 나는 어떤 사람으로부터 어떻게 하면 하나님과 더불어 교제를 즐길 수 있는 방법을 터득할 수 있느냐는 질문을 받았다. 그때 나는 대답했다.

"형제여! 당신이 육에 속한 상태를 벗어날 때까지는 어떤 방법으로도 그것을 기대하지 마십시오."

육체는 하나님을 즐거워할 수 없다. 그것은 참으로 어려운 일이다. 여러분은 "내가 기도를 더 많이 해야겠다"라고 말할 필요도 없고 또 그것을 일기장에 기록함으로

써 여러분의 결심을 보일 필요도 없다. 여러분 스스로 그렇게 할 수 없기 때문입 니다.

오히려 도끼를 나무 밑으로 가져다가 육에 속한 심령의 뿌리를 잘라버리는 것이 우선되어야 할 것이다.

어떻게 그것을 잘라버릴 수 있는가?

여러분 스스로의 힘으로는 도저히 불가능하다. 성령께서 찾아오셔서 그리스도의 십자가로 죄를 저주하시고 육체의 소욕을 죽이심과 동시에, 하나님의 성령이 여러분의 심령 가운데 들어오셔서 내주하시도록 해야만 한다.

그때 비로소 여러분은 기도하기를 좋아하게 될 것이고, 하나님과 이웃을 사랑할 수 있게 될 뿐만 아니라 겸손과 영적인 생각과 천국 백성다운 마음을 가질 수 있게 될 것이다. 육체의 소욕은 모든 죄의 뿌리가 되기 때문이다.

3. 영적 은사와 병행될 수도 있다

육에 속한 상태를 좀 더 철저하게 규명하기를 원한다면 육적 상태가 때로는 위대한 영적 은사와 병행될 수도 있다는 사실에 특별한 관심을 기울여야 한다.

'영적인 은사'와 '영적인 은혜' 사이에는 매우 큰 차이점이 있다는 사실을 명심해야 한다. 그런데 많은 사람들이 그것을 이해하지 못하는 것 같다. 예를 들면, 고린도 교인들에게는 놀라운 영적 은사들이 있었던 것이 확실하다.

고린도전서 1장에서 바울은 말했다.

> 내가 너희를 위해 항상 하나님께 감사하노니 이는 너희가 그 안에서 모든 일 곧 모든 언변과 모든 지식에 풍족하므로 고전 1:4-5

그것은 틀림없이 하나님을 찬양할 만한 일이다.

또 그는 고린도전서 12장과 13장에서 예언의 은사와 산을 옮길 만한 믿음과 지식 등 그들이 간절하게 추구하는 여러 가지 은사에 대해서 언급하고 있다. 사랑이 없다면 이 모든 것은 전혀 유익하지 못한 것이라는 점을 덧붙인 것이다.

이것은 우리들에게 매우 엄숙한 일이다. 사단이 여러분을 기만하지 못하도록 경성하시기 바란다. 사단은 여러분으로 하여금 '나는 지금 하나님을 위해 일하고 있다. 그리고 하나님은 나에게 축복하신다. 더군다나 다른 사람들은 나를 존경하고 있으며, 또 나는 그들을 돕는 하나님의 도구임에 틀림없다'라는 생각을 갖도록 할지 모른다.

그러나 형제여, 영적인 은사를 소유한 육의 사람도 말로 다할 수 없는 엄숙함을 가질 수 있다는 사실을 기억하라. 왜냐하면 가장 경건하고 성공적인 사람이라 할지라도 그가 하나님 앞에 무릎을 꿇게 되면 '하나님의 은사로 말미암아 하나님의 성령이 내 속에서 일하는 것이지 겸손과 사랑, 그리고 순결과 거룩함이 결핍된 육체가 일할 수 없다'는 생각을 가져다줄 수 있기 때문이다. 그러므로 하나님으로 하여금 나의 심령을 살피시고, 단련하실 수 있도록 해야만 한다.

4. 영적인 진리를 받아들일 수 없다

한 가지 더 지적하고 싶은 것은 육적인 상태는 사람으로 하여금 영적인 진리를 받아들일 수 없도록 한다는 사실이다.

여러분도 알고 있듯이 수많은 그리스도인들이 말씀을 사모하는 심령으로 설교와 강해를 듣고,

'참으로 귀한 진리이며 명쾌한 가르침이구나. 하나님의 말씀을 저렇게 훌륭하게 설명할수 있을까?'

이렇게 감탄하지만 사실은 그들에게 일보의 진보도 없거나 아니면 겨우 두 주일이나 세 주일이 지나서 그 축복이 완전히 사라지고 만다는 점이다.

그 이유가 무엇인가?

심령 깊은 곳에 죄악이 숨어 있기 때문이다. 육적인 상태는 항상 영적인 진리를 수용하지 못하도록 방해한다.

나는 오늘날 교회들이 심각한 실수를 자주 범하고 있는 사실에 대해 걱정한다. 우리는 육에 속한 그리스도인들에게나 신령한 자들에게나 합당한 말씀을 전하고 있다. 그들은 말씀을 듣고서 그것이 참으로 아름답다고 생각하며 또 그것을 머리로 받아들이며 칭찬하기를 "참으로 훌륭하다. 사람이 할 수 있는 진리에 대한 가장 완벽한 해석이로다"라고 말한다. 하지만 실제적으로 그들은 전혀 변화받지 못하고 육에 속한 사람들 그대로이며, 단지 영적인 가르침을 받고 있을 뿐이라는 것이다.

그러므로 우리 각자가 항상 하나님 앞에 간구할 바가 있다면 그것은 "주여! 나로 하여금 육적인 마음으로 영적인 진리를 받아들이지 않게 하여주시옵소서"라는 기도일 것이다. 여러분이 축복을 받을 수 있는 유일한 증거는 육적인 상태에서 툭툭 털고 일어나 영적인 상태로 들어가는 것이다. 하나님께서 친히 그 일을 하도록 도와주실 것이다. 그러므로 우리는 그렇게 되기를 간구하며, 수용해야만 한다.

이제 '사람이 육적인 상태에서 벗어나 영적인 상태로 들어가는 것이 가능한가'라는 매우 중요하고도 엄숙한 문제가 제기된다.

어떻게 해야 그것이 가능한가?

영적인 생활에 대한 전망과 믿음을 가져야만 한다
그것에 대한 이해가 없을 때 우리의 마음은 항상 불신으로 가득 차기 때문에, 우리가 영적인 사람이 될 수 있다는 사실을 확실하게 받아들이지 않는 경향이 있다. 우리는 그것을 믿지 않는다.

영국으로 건너올 즈음에 나는 오랫동안 신앙생활을 해 왔던 한 남자와 대화를 나누게 되었다. 그는 자기가 알고 있는 장래가 촉망되는 젊은이 한 사람이 아주 놀라운 은사들을 소유하고 있음에도 불구하고 더 이상 큰 축복을 받지 못한 이유를 모르겠다고 하였다. 그래서 그는 그 젊은이로 하여금 더 큰 축복을 받지 못하도록 방해하고 있는 요인이 과연 무엇인지 알아내기 위해 그 젊은이와 함께 꼬박 하루를 소비했다고 하였다.

오랜 논의 끝에 문제의 원인이 점차적으로 밝혀지기 시작했다. 그것은 바로 그의 불신앙이었다. 그는 헌신적인 삶을 사는 일이 가능하다고 생각하지 않았다. 또 하나님께서 축복해 주시려고 만반의 준비를 갖추고 계시다는 사실도 믿지 못했다.

그렇지만 그들이 서로 대화하며 또 기도하면서 그날들을 보내는 동안, 그 젊은이는 온전히 헌신할 때 하나님께서 삶의 능력을 주신다는 사실을 믿게 되었다. 그리고 그는 하나님께로부터 축복을 받게 되었는데 과거의 10배에 해당하는 축복을 그의 사업에서 받았다.

그렇다. 여러분이 준비만 되어 있다면, 그리고 기꺼이 원하기만 한다면 하나님은 여러분으로 하여금 영적인 사람으로 만들 수 있다는 사실을 믿으시기 바란다.

성경 말씀은 우리들의 생활 가운데 영향을 미치는 두 가지 세력이 있다고 증거한다. 육체와 영이 바로 그것이다. 육체는 우리의 생명을 죄의 세력 밑으로 끌어들이는 경향이 있고, 영은 하나님의 생명을 우리의 생명 안으로 모셔 들이는 경향이 있다.

성경이 말하고 있는 바와 같이 우리에게 필요한 것은, 우리의 모든 생명을 모든 능력과 자만심과 더불어 죽음에 매장시켜 무력하게 만듦으로써 그리스도의 생명과 성령의 생명으로 하여금 우리들을 위해 모든 일을 행하실 수 있도록 하는 것이다. 그렇게 될 것으로 확신해 보라.

여러분은 아마도 "그것이 너무 숭고하고 거룩하며, 영광스럽기 때문에 내가 거기에 도달할 수 있으리라고는 생각하지 않는다"라고 말할지도 모른다. 그렇다. 여러분의 힘으로는 불가능하다. 그러나 하나님은 여러분으로 하여금 그것이 가능하도록 이끌어 주실 것이다.

여러분 스스로의 힘으로 거기에 도달하려는 것은 매

우 위험스러우며 또한 불가능하다. 하나님께서 그의 사랑의 풍성하심에 따라 초자연적인 방법으로 성령의 능력을 하늘로부터 여러분에게 부어주심으로써 여러분이 요구하거나 생각하는 것보다 훨씬 더 아름답게 이루어 주실 것을 믿기만 하면 된다.

내가 분명히 믿기는 사람이 매일매일 성령에 이끌리어 사는 것은 가능한 일이다. 나는 하나님의 말씀 가운데서 하나님께서 그의 사랑을 성령으로 말미암아 개인의 심령 가운데 쏟아부어 주신다는 사실을 읽을 수 있었다. 그리고 성령에 이끌리는 삶을 사는 사람들은 모두 다 하나님의 자녀들이라는 사실도 말씀 가운데서 깨닫게 되었다.

또 하나님의 말씀은 우리가 거듭날 때 성령으로, 성령 안에서 행할 수 있다는 것도 일깨워 주었다. 그러므로 그것은 가능하다. 하나님은 우리로 하여금 그런 삶을 살도록 불러주셨고, 그리스도께서 그것을 위해 우리들을 구원해 주신 것이다.

주님은 십자가 위에서 자신의 보배로운 피를 흘리시고, 곧 하늘로 승천하여 자기 백성들에게 성령을 보내주셨다. 그분이 영광을 얻으신 후에 최초로 행한 일이 바로 성령을 보내주신 일이었다. 여러분이 그리스도의 보혈의 능력을 믿고, 또 영광을 얻으신 그리스도께서 여러분의 심령 가운데 부어주실 수 있는 능력을 가지고 계시다는 사실을 믿기 시작할 때에 여러분은 비로소 옳은 방향으로 나아가는 첫걸음을 내디딘 것으로 생각할 수 있다.

여러분은 비록 곤고하게 느낄 때라도 그리스도를 굳게 붙잡아야만 한다. 그분은 여러분을 성령으로 충만하게 채워주실 수 있다. 왜냐하면 그분이 바로 여러분에게 성령의 충만을 받으라고 명령하신 분이시기 때문이다. 하지만 사람이 영적인 삶을 살겠다는 열망을 가지고서는 충분하지 못하다.

자기 자신이 진실로 육에 속한 사람임을 확신할 필요가 있다
이것은 참으로 어렵고 또 엄숙한 일이다. 그렇지만 이것은 꼭 필요한 교훈이다. 회심하지 못한 사람이 범하는 죄와 그리스도인이 범하는 죄 사이에는 아주 큰 차이가 있다. 회개하지 못했다면 여러분은 먼저 죄에 대해 확신하고, 그것을 고백해야만 한다.

그러나 여러분이 주로 확신하고 있는 것은 무엇인가?
수많은 죄와 죄책감 그리고 죄에 따른 징계일 것이다. 하지만 내적인 죄, 즉 영적인 죄에 대해서는 확신하고 있지 못할 것이다. 그것은 전혀 고려의 대상이 아니었는지 모른다. 내적인 죄에 대한 확신은 거의 갖지 못한다는 말이다. 보통 회심할 때나 평상시에 하나님이 항상 그 확신을 주시는 것은 아니다.

그렇다면 사람이 숨은 죄악과 내면 속에 깊숙이 들어 있는 죄를 어떻게 제거할 수 있는가?

다음과 같은 방법이 있다.

회심한 이후 성령께서 그 사람 자신이 육에 속한 사람이며, 육적인 삶을 살고 있다는 사실을 확신시켜 주심으로써 그가 이것을 인하여 슬퍼하고, 부끄러워하며 바울처럼 외치게 하는 방법이다.

> 오호라, 나는 곤고한 사람이로구나. 그러면서도 그리스도인이라고 자처하고 있구나. 누가 나를 이 사망의 몸에서 구원해 줄 수 있으랴!

그는 결국 주위를 돌아보며 '과연 어디에서 구원을 얻을 수 있을까' 생각하며 도움을 찾을 것이다.

그는 여러 가지 측면에서 발버둥을 치고 문제 해결의 길을 모색할 것이다. 하지만 자기 자신을 완전하게 예수의 발 앞에 엎드리게 하지 않는 한, 그는 결코 해결책을 얻을 수 없다는 사실을 깨닫게 될 것이다. 신령한 성도가 되는 것과 성령의 충만을 받는 일은 반드시 하늘에 계신 하나님께로부터 온다는 사실을 여러분은 잊어서는 안 된다. 오직 하나님 한 분만이 홀로 그 일을 하실 수 있기 때문이다.

만일 거룩하신 분이 임재하셔서 영원토록 온 우주에

충만하게 채워주신다면, 우리의 삶과 기도 생활과 전도 생활은 얼마나 변화된 모습으로 나타나겠는가?

바로 그 목적을 위해 하나님은 우리들이 아주 철저하게 부서지는 체험을 갖도록 유도하신다. 혹자는 "죽이시려고 부른다는 것은 너무 혹독하다"는 말로써 나에게 반박해 왔다. 그렇다. 여러분 자신의 힘으로 하려고 하면 그것은 무서운 일임에 틀림없다.

그러나 여러분이 하나님께서 예수님을 보내심으로 죽게 하신 목적, 즉 여러분을 예수님께 접붙이려고 하시는 하나님의 의도를 이해한다면, 여러분은 아마도 그 저주스러운 육체의 세력으로부터 구원을 얻을 수 있을 것이다. 철저하게 부서지며, 또 철저하게 절망하는 것이 여러분으로 하여금 하나님만을 신뢰하도록 교훈해 주시는 하나님의 축복임을 믿어보라.

사도 바울은 다음과 같이 힘주어 말한 바 있다.

> 우리는 우리 자신이 사형 선고를 받은 줄 알았으니 이는 우리로 자기를 의지하지 말고 오직 죽은 자를 다시 살리시는 하나님만 의지하게 하심이라 고후 1:9

여러분도 자신이 서 있는 바로 그곳에서 여러분이 육에 속한 사람임을 확신하고 다음과 같이 고백하기를 바란다.

육체의 소욕이 나를 지배하고 있으며 또 나를 이기고 있다. 더군다나 나는 그것을 극복할 수도 없다. 나의 하나님이여! 자비를 베풀어 주시옵소서. 하나님이여! 나를 도와주시옵소서!

하나님은 응답해 주실 것이다. 그런즉 여러분은 자신의 유죄를 인정하고, 고백하는 심정으로 하나님 앞에 고개를 숙일 수 있기를 바란다.

육적인 상태에서 영적인 상태로 전환되는 일이 일순간에 이루어질 수 있다는 사실을 믿는 일이다
사람들은 흔히 육적인 상태에서 영적인 상태로 성장해 가려고 하지만 결코 목표를 성취하지 못한다. 그들은 육적 상태에서 영적 상태로 성장하기 위해 더 많이 전도하고, 더 많이 가르치면 되는 것으로 생각한다. 그러나 6개월 동안이나 갓난아이로 머물러 있는 아이는 질병에 걸린 것이 확실하기 때문에 어떤 치료책이 필요하다. 질병이 치료된 후에야 다시 성장하게 될 것이다.

육적인 상태는 바로 심각한 질병에 걸린 상태라는 사실을 다시 한번 생각해 보라. 육에 속한 그리스도인은 그리스도 안에서 어린아이이다. 바울의 말은, 그가 비록 하나님의 자녀로되 심각한 질병에 걸린 상태이기 때문에 더 이상 성장할 수 없는 아이라는 것이다.

어떻게 치료할 수 있는가?

치료책은 오직 하나님께 있다. 그리고 그 하나님이 바로 이 순간 여러분에게 그 비법을 가르쳐 주기를 원하고 계신다.

신령한 사람이 된다고 해서 갑자기 영적으로 성숙한 사람이 될 수는 없다. 나는 신앙의 연륜이 짧은 그리스도인에게서 성령 충만한 삶을 기대하지 않고, 오히려 20년 이상의 신앙 경력을 가진 성숙한 그리스도인에게서 그러한 삶을 기대할 수 있다고 본다.

영적인 생활에 큰 성장과 성숙이 있다는 것은 사실이다. 그러나 내가 첫째 단계를 말할 때에 그것은 여러분이 자신의 위치를 변경한다는 것을 의미한다. 다시 말하면, 육에 속한 삶의 위치에서 어떤 순간에 영적인 삶으로 변화되는 것을 말한다.

두 가지 표현이 사용되는 이유를 고찰해 보아야 하겠다. 육에 속한 사람이라 할지라도 약간의 영적인 성향이 있는 것은 사실이다. 하지만 그들의 이름은 그들이 가진 가장 우월한 성품으로부터 유추되었다. 어떤 한 가지 일이 두 가지, 혹은 세 가지의 목적을 위해 사용될 수 있다. 하지만 가장 중요한 목적에 의해서 그 명칭이 결정되는 것은 기정사실이다. 어떤 일에 있어서 몇 가지의 특징이 있지만 가장 지배적인 것으로부터 명칭을 추론해 낸다는 말이다.

다시 말하면, 바울도 역시 "그리스도 안에 있는 너희 어린아이들은 육에 속한 사람들이다. 너희가 육체의 소욕에 지배를 받고 있으며 혈기와 무자비에 자신을 방임하기 때문에 성장하지 못하고 또 너희가 많은 은사를 소유했음에도 불구하고 영적인 진리를 받을 수 없도다"라고 고린도 교인들에게 말했던 것이다.

영적인 사람이라고 해서 그가 완전한 상태에 도달했다는 말은 아니다. 아직도 성장할 여지가 많다. 그러나 여러분은 그 사람을 주의 깊게 살펴본다면 그의 성품이나 행동에 있어서 뚜렷한 증거가 나타날 것인데, 한마디로 말해서 그는 자신을 전폭적으로 성령께 의탁하는 사람이다.

그는 완전하지 못하다. 하지만 그는 합당한 자세를 취하며 다음과 같이 고백할 수 있다.

> 주 하나님이여! 나는 나 자신이 성령의 장중에 붙들려 인도하심을 받기 원합니다. 당신께서 나를 받아주시고 또 축복해 주셨사오니 성령으로 나를 인도하여 주시옵소서.

하나님께서 우리들을 도우실 때 우리는 자신이 걷고 있는 잘못된 길을 돌이켜 하나님이 원하시는 다른 길로 바꾸어 걸어갈 수 있다는 사실을 깊이 생각할 수 있어야만 한다.

여러분은 아마도, 어떤 목사님이 방바닥에 선을 긋고 그것을 설명해 줌으로써 한 남자를 회심시켰다는 이야기를 들었는지도 모른다. 한 목사님께서 믿음을 가지고 어떤 병자를 방문하여 그리스도의 보혈에 대한 설명을 들려주었다. 그때 환자는 이렇게 대답했다.

> 맞습니다. 나도 그리스도의 보혈을 믿고 있습니다. 주님의 보혈은 우리를 구원할 수 있고, 용서할 수 있습니다. 그리고 하나님께서 용서하지 않으신다면 우리는 아무도 천국에 들어갈 수 없다는 사실도 잘 알고 있습니다.

하지만 그 목사님은 그 남자에게 죄책감이 아주 희박하다는 결점을 발견하게 되었다. 목사님이 말씀하시는 것은 무엇이나 다 맞다고 긍정적인 대답을 하지만 그의 대답에는 생명력이 없었으며, 죄에 대한 확신이 전혀 없었던 것이다.

어느 날 그가 절망적인 말을 하기 시작했을 때 그 목사님은 하나님께 기도했다.

"오, 하나님이여! 나를 도우셔서 이 사람의 상태를 밝히 볼 수 있도록 해주시옵소서."

그때 목사님의 머릿속에 한 좋은 생각이 떠올랐다. 그 남자의 방바닥에 모래를 뿌리고 선을 그어 양분한 후 한쪽에 '죄,' '사망,' '지옥'이란 낱말들을 쓰고, 또 다른 쪽에는 '그리스도,' '생명,' '천국'이라는 낱말들을 썼다.

"목사님, 무엇을 하고 계십니까?"

그 남자가 물었다. 목사님은 다음과 같이 대답했다.

"잘 들어보십시오. 이 왼편에 있는 글자 중에 하나를 오른편으로 가져갈 수 있다고 생각하십니까?"

"물론 그럴 수 없지요."

그때 목사님은 또다시 엄숙하게 말했다.

> 왼편에 서 있는 죄인은 결코 오른편으로 건너갈 수 없습니다. 그 선이 모든 인류를 갈라놓아서 구원받은 사람들은 오른편에, 그리고 구원받지 못한 사람들은 왼편에 각각 위치시켜 놓기 때문입니다. 왼편에 있는 당신을 들어서 오른편으로 옮기실 수 있는 분은 오직 예수 그리스도밖에 없습니다.
>
> 당신은 지금 어느 쪽에 서 있습니까?

이 물음에 대한 대답은 없었다. 목사님은 하나님께서 그에게 복을 주시기를 그와 더불어 간절히 기도했으며, 또 기도하면서 집으로 돌아갔다.

그 다음날 목사님이 다시 방문하여 다시 질문했다.

"친구여, 당신은 지금 어느 쪽에 서 있습니까?"

그는 곧 한숨을 쉬면서 고백했다.

"저는 지금까지 잘못된 편에 서 있었습니다."

그리고 얼마 되지 않아 그는 복음을 환영하게 되었고, 그리스도를 마음속에 영접해 들였던 것이다.

마찬가지로 여러분도 육체의 소욕으로부터 자신을 구원할 수 없고 또 그것을 제거할 수도 없다. 오직 그리스도만이 여러분으로 하여금 새로운 삶을 살도록 붙들어 주실 수 있다. 여러분이 그리스도께 속하고 또 그리스도께서 여러분에게 속해 있지만 여러분이 먼저 해야 할 일은 자신을 포기하고 전적으로 그분만을 신뢰하는 것이다. 그때 주님은 여러분에게 십자가의 능력을 제시하시고, 그것으로 말미암아 육체의 정욕을 극복할 수 있도록 하실 것이다.

또 자신을 포기하고 죄를 고백하라. 그리고 자신의 무기력함을 인정하고 어린양의 발 앞에 나아오라. 그리하면 주님이 여러분을 구원해 주실 것이다.

그것은 다음과 같은 결론으로 나를 이끌어 간다.

첫째, 사람은 영적인 삶을 살아야 한다.
둘째, 자신의 육적 소욕을 정직하게 인정하고 고백해야 한다.
셋째, 사람이 이쪽에서 저쪽으로 옮겨지는 것은 단지 시작에 불과하다.
넷째, 그리스도께서 자기를 도와주실 것을 확신하는 결정적인 방향 전환이 있어야만 한다.

그렇다. 그것은 단순한 견해가 아님이 분명하다. 어떤 의미에서 그것은 우리의 힘으로 되는 종류의 헌신이 아니다. 다시 말하면 그것이 우리의 의지로 되는 것이 아니라는 말이다. 결코 그럴 수 없다.

물론 몇 가지의 현상이 나타날 수는 있다. 그러나 중요한 것은 우리가 그리스도를 바라보며, 그분이 오늘이나 내일 그리고 모레도, 아니 영원토록 우리를 보호해 주시는 분이심을 믿는 일과 하나님의 생명으로 하여금 우리의 심령 가운데 들어와 계시도록 하는 일이다.

우리는 우리의 생명이 다하는 날까지 유혹을 물리치는 삶을 살고 싶어한다. 또 우리는 하나님의 은혜로 말미암아 전능하신 그리스도의 내재와 구원의 능력, 그리고 하나님 자신이 우리를 위해 해주실 수 있는 일이라면 무엇이나 다 경험하고 싶어한다.

하나님은 기다리고 계신다. 그리스도와 성령님도 기다리신다.

여러분이 광야에서 방황하게 된 이유가 무엇이며, 또 자신에게 어떤 결점이 있는지 생각해 보았는가?

여기서 여호수아와 갈렙을 포함한 열두 정탐꾼을 생각해 보라. 열 사람들은 결코 자기들이 그들을 정복할 수 없다고 잘라서 말했다. 그러나 여호수아와 갈렙 두 사람은 "우리는 이길 수 있습니다. 하나님께서 그것을 약속해 주셨기 때문입니다"라고 대답했던 것이다.

여러분도 하나님의 약속을 믿고 출발해 보라. 그리고 다음 말씀에 귀를 기울여 보라.

> 그리스도 예수 안에 있는 생명의 성령의 법이 죄와 사망의 법에서 너를 해방하였음이라 롬 8:2

여러분도 그 말씀을 자신의 것으로 받아 하나님께서 역사하실 것을 고백해 보라.

어떤 새로운 경험이나 느낌 그리고 감정이 없다거나 광명보다 어둠이 깔려 있다고 걱정하지 마라. 오직 영원하신 하나님의 말씀 위에 굳게 서 있으면 된다. 하나님은 아버지로서 굶주린 모든 자녀들에게 성령을 약속하셨다.

약속하시고 주시지 않을 하나님이시겠는가?

> 구하는 자에게 성령을 주시지 않겠느냐 눅 11:13

어떻게 하나님께서 주시지 않을 수 있겠는가?

그리스도께서 바로 여러분을 위해 갈보리에서 자신을 내어주셨고 또 여러분이 그분의 보혈을 믿는 것도 사실이라면 여러분을 위해 성령을 보내주신 것도 사실이다.

그러므로 여러분은 먼저 마음문을 열고, 성령의 충만을 받아야만 한다. 그리스도의 보혈이 여러분을 깨끗하게 하실 수 있음을 확신하고, 모든 죄에 해당하는 육체의 소욕을 정직하게 고백할 뿐만 아니라 그것을 완전히 보혈의 샘물에 던져버리지 않으면 안 된다.

그때야 비로소 여러분은 살아 계신 그리스도께서 여러분에게 성령의 축복을 주실 것을 확신할 수 있을 것이다.

제4장 성령의 사역을 위해 따로 세우라

안디옥 교회에 선지자들과 교사들이 있으니 곧 바나바와 니게르라 하는 시므온과 구레네 사람 루기오와 분봉 왕 헤롯의 젖동생 마나엔과 및 사울이라 주를 섬겨 금식할 때에 성령이 이르시되 내가 불러 시키는 일을 위해 바나바와 사울을 따로 세우라 하시니 이에 금식하며 기도하고 두 사람에게 안수하여 보내니라 두 사람이 성령의 보내심을 받아 실루기아에 내려가 거기서 배 타고 구브로에 가서 행 13:1-4

본문의 이야기에서 우리들은 하나님께서 우리들을 붙드시며 또 우리들을 위해 역사하신다는 귀중한 생각을 발견하게 될 것이다. 본문이 주는 위대한 교훈을 한마디로 요약하면, 이 땅 위에서 하나님의 사역을 주관하시는 분이 바로 성령님이라는 사실이다.

우리가 만일 하나님을 위해 합당하게 일하며, 또 하나님께서 우리의 일에 축복해 주시기를 원한다면 우리는 먼저 성령님과 바른 관계를 맺을 필요가 있다. 그리고 우리가 그에게 합당한 영광의 자리를 매일 내어드리지 않으면 안 된다. 본문이 제시하는 몇 가지 귀중한 생각들을 언급하려 한다.

1. 하나님 자신의 계획

우리는 하나님이 그의 나라와 관련된 자신의 계획을 가지고 계신다는 사실을 발견할 수 있다.

안디옥에 하나님의 교회가 설립되었다. 그리고 하나님께서 아시아와 유럽에 관한 어떤 계획과 경륜을 가지고 계신 것도 확실했다. 하나님께서 그들을 친히 잉태하셨기 때문에 그들은 하나님의 것이며, 그가 그들을 그의 사역자들로 삼으셨던 것이다.

전도 집회에 대해서 생각해 보자. 대사령관이 되시는

분이 모든 집회를 조직하시기 때문에, 간부들이나 위원들은 그 계획을 항상 알고 있지 못하다. 그들은 종종 이미 결정된 명령을 받으며, 그가 그들에게 명령하신 바에 따라 그를 섬기지 않으면 안 된다. 하늘에 계신 하나님은 반드시 될 일과 그 일이 성취되는 방법에 대한 소원과 의지를 가지고 계신다. 그러므로 하나님의 비밀을 깨닫는 자와 하나님의 오묘한 섭리를 이해하는 자는 복된 사람이다.

몇년 전에 우리는 아프리카의 웰링톤 Wellington 에 선교 연구원을 개설한 바 있다. 건물이 매우 훌륭한 것으로 평가되었다. 개원식에 즈음하여 그 선교 연구원 원장은 결코 잊을 수 없는 연설을 했다. 그의 연설 요지는 다음과 같다.

> 지난해, 우리는 주춧돌을 놓기 위해 함께 이곳에 모인 바 있습니다.
> 그때 우리들의 시야에 나타난 것은 어떤 것들이었습니까?
> 쓰레기와 자갈들, 벽돌 부서진 것들, 그리고 허물어진 건물의 잔재들 외에는 아무것도 없었습니다. 바로 그러한 폐허 위에 주춧돌을 놓았을 때에 어떤 종류의 건물이 들어설 것인지 짐작할 수 있는 사람은 거의 없었습니다. 세부적으로 건물의 모양을 완전하게 그려볼 수 있었던 사

람은 한 사람밖에 없었습니다. 그 사람은 바로 건축가입니다.

그 사람의 머릿속에는 모든 것이 분명했습니다. 그래서 일꾼들과 석공들, 그리고 목수들이 모두 일을 시작하면서 그의 지시를 받고, 모든 노동자들도 다 그의 명령을 겸손하게 따랐습니다. 드디어 골조가 형성되어 이렇게 아름다운 건물이 완성된 것입니다.

이에 한 가지 덧붙이고 싶은 것은, 오늘 우리가 개원하는 이 건물은 장차 어떤 결과를 초래할지는 모르지만 오직 하나님 한 분만이 아시는 바로 그분의 사역을 위한 초석이 될 것이라는 사실입니다. 하나님은 벌써 당신의 사역자들을 다 확보해 놓고 계시며, 모든 계획을 아주 분명하게 도식화해 두었다는 것입니다. 우리가 어떤 위치에서 쓰임 받을지는 기다리고 볼 일입니다. 하나님은 분명히 그가 경륜하시는 바, 필요한 때에 우리에게 찾아오셔서 직임을 맡기실 것입니다.

우리는 다만 믿음으로 그분의 명령을 받들어 순종하면 됩니다. 하나님께서 땅 위에 있는 당신의 교회를 위한 분명한 계획을 가지고 계시기 때문입니다.

그러나 불행하게도 우리는 얼마나 자주 우리들 스스로의 계획을 구상하며, 당연히 해야 될 일들을 우리가 이미 다 알고 있는 것처럼 생각해 버립니까!

우리는 하나님보다 앞서가기를 완전히 거절해 버리기보

다는 오히려 자신들의 보잘것없는 노력에 축복해 달라고 요구하는 우매함에 익숙해져 있습니다. 그러나 하나님은 이미 그의 나라를 위한 사역과 확장을 계획해 두셨습니다. 바로 성령께서 그 일에 대한 책임을 맡으셨습니다. "내가 불러 시키는 일을 위해"라고 말함으로써 본문은 그것이 성령의 사역임을 증거하고 있습니다. 그러므로 우리가 성령에 의해서 인도함을 받지 않고 함부로 '하나님의 법궤'를 만지지 않도록 하나님께서 친히 도와주셔야만 할 것입니다.

2. 자신의 뜻을 종들에게 계시하시는 하나님

하나님은 친히 당신의 종들에게 자신의 뜻을 기꺼이 계시해 주실 수 있다.

그렇다. 하늘로부터 여전히 말씀을 주시는 하나님께 감사할 뿐이다. 우리가 본문에서 읽는 것과 같이, 성령은 여전히 당신의 교회와 백성들에게 말씀하신다. 그는 종종 그 일을 수행하시되 개인에게 찾아오셔서 처음에는 다른 사람들이 이해하지도 못하고 알지도 못하는 일터로 그들을 인도하시고, 대다수가 생각지 못하고 있는 방법과 길을 통하여 그 일을 이루신다.

성령께서는 우리가 살고 있는 지금 이 순간에도 여전

히 자기의 백성을 교훈하신다. 선교 연합회와 내지 선교회, 그리고 우리가 주관하고 있는 수천 가지의 일들을 수행함에 있어서 성령의 인도하심을 알게 해주시니 하나님께 감사할 뿐이다. 그러나 (내 생각에, 우리가 기꺼이 고백하는 것은) 우리에게 알려진 바가 매우 적다는 점이다.

하나님께 번번이 능력만 달라고 간구해서는 안 된다. 일에 대한 계획을 스스로 다 구상해 놓고서 하나님은 능력만 보내주시면 된다고 생각하는 그리스도인들이 많이 있다. 그 사람들은 자기 자신의 의지로 일하면서 하나님은 은혜만 베풀어 주시면 된다고 생각한다. 그것이 바로 하나님께서 그들에게 은혜를 베풀어 주시지 않는 이유이고 그들이 성공을 거두지 못하는 원인이다.

하나님 앞에서 우리의 입장을 솔직하게 밝히고 다음과 같이 고백해 보자.

> 하나님의 뜻 안에서 이루어져야 할 일에서 하나님의 능력을 거두지 마옵시고, 하나님의 뜻 안에서 성취되어야 할 일에는 하나님의 강력한 축복이 함께해 주시옵소서. 그리고 우리의 가장 사모할 일이 하나님의 뜻이 나타나는 것이 되게 하시옵소서.

"하늘로부터 오는 이와 같은 계시를 받고 그것을 이해하는 일이 그렇게 쉬운 일입니까?"

혹시 여러분이 나에게 이렇게 묻는다면 나는 다음과 같이 대답할 수 있다.

> 하나님과 더불어 정당한 교제를 나누며, 하나님을 섬기는 법을 터득한 사람에게는 그것이 아주 쉬운 일입니다.

"어떻게 하나님의 뜻을 알 수 있는가?"

우리는 이러한 질문을 자주 한다. 사람들은 그들이 궁지에 몰려 있을 때 하나님께서 즉시 응답해 주시기를 바라는 마음으로 간절하게 기도한다.

그러나 하나님은 오직 겸손하고 부드러운, 그리고 가난한 심령에게만 그의 뜻을 계시해 주신다. 또 그는 지극히 작은 일과 일상적인 삶의 현장에서 하나님을 충성스럽게 순종하고 공경하기를 배우려는 심령이 궁지에 몰려 있거나, 아니면 특별한 어려움을 당할 때에 당신의 뜻을 보여주실 수 있다.

3. 하나님의 계시 방식

성령께서 하나님의 뜻을 계시해 주시는 방식에 관한 문제이다.

본문에서 우리는 무엇을 읽을 수 있는가?

상당수의 사람들이 주를 섬기며 금식할 때에 성령께서 그들에게 찾아오셔서 말씀하셨다. 어떤 사람들은 오늘날의 선교위원회와 관련하여 본문 말씀을 아주 잘 이해한다. 우리에게 열린 사역지가 있고, 그렇지 못한 다른 사역지에서 지금까지 선교사역을 해왔다면, 우리는 그 새로운 사역지로 가게 될 것이다. 마침내 우리는 그곳에 정착하게 되었고, 그곳을 위해 기도한다.

그러나 과거에는 상황이 매우 달랐다. 그들 가운데 유럽을 생각한 사람이 있었는지는 의문스럽다. 왜냐하면 후에 사도 바울마저도 밤에 환상으로 하나님의 뜻을 따라 부름을 받기 전에는 아시아로 돌아가려고 작정했기 때문이다.

다시 한번 그들을 잘 살펴보자. 하나님께서 기적을 베푸셨다. 주께서 교회를 안디옥에까지 확장시키셨고 그들에게 부요함과 넘치는 축복을 허락하셨다. 이제 여기에서도 주를 섬기며 금식과 기도로 주께 봉사하는 사람들이 나오게 되었다. 그들은 참으로 깊은 확신을 갖게 되었는데 그것은 모두 하늘로부터 내려온 것임에 틀림없었다. 그들은 아마도 다음과 같이 기도한 것 같다.

오, 주여! 우리는 당신의 종들입니다. 기도와 금식으로 당신을 섬기오니 우리를 위한 주의 뜻이 무엇인지 깨닫게 해주시옵소서.

베드로의 경우와 비슷하다고 생각되지 않는가?

베드로가 금식하며 지붕 위에 올라가서 기도할 때에 그는 환상을 보리라고는 꿈에도 생각지 못했을 것이다. 그러나 환상 중에 그는 가이사랴로 갈 것을 명령받았다. 그는 자기가 하는 일이 어떤 의미를 가지는지 당시에는 이해하지 못했을 것이다.

우리들도 그런 경우를 체험할 수 있도록 하나님께서 허락해 주시기를 바랄 뿐이다. 우리가 진심으로 주 예수께 헌신하며, 우리 자신들을 세속과 구별하고 심지어 일상적인 종교 행위를 떠나서 자기 자신을 포기하고 오직 열심으로 기도하며 주를 앙망할 때 하나님의 뜻이 우리의 심령 가운데 계시됨으로써 그것을 깨달을 수 있게 될 것이다.

여러분이 알듯이 본문 3절에서 '금식'이라는 단어가 두 번째 사용되었다.

금식하며 기도하고 행 13:3

여러분은 기도할 때에 아마도 예수님의 명령에 따라서 골방에 들어가 문을 닫고 기도하기를 좋아할 것이다. 여러분은 마땅히 사업이나 직장, 그리고 쾌락이나 자신의 마음을 산란케 하는 모든 것을 단절해 버리고 오직 하나님과 홀로 갖는 시간을 원할 것이다. 그럼에도 불구하고 물질 세계는 어떠한 형태로든 거기까지 여러분을 따라간다. 식사 문제가 바로 그것이다.

하지만 본문의 이 사람들은 물질 세계나 보이는 세상으로부터 자신들이 어떤 영향을 받지 않도록 금식에 들어갔던 것이다. 그들의 식사는 자연적 필요를 공급하는 데 족할 뿐이었다. 그들은 영혼을 다해 하나님 앞에서 금식하는 것이 이 땅에 속한 모든 것을 내려놓는 표현이라고 생각했던 것이다.

> 오, 하나님! 우리들에게도 그러한 열정을 주셔서 세속적인 모든 것과 구별된 삶을 살게 하시옵소서. 하나님을 섬기기 원하오니, 성령이여 우리들에게 하나님의 복된 뜻을 보여주시옵소서.

4. 성령의 뜻

성령께서 보여주시는 하나님의 뜻은 과연 무엇인가에 대한 문제이다.

"성령의 사역을 위해 따로 세우라"는 한마디의 말 속에 모든 의미가 다 포함되어 있다. 그것은 하늘로부터 들려온 메시지 가운데 가장 중요한 말씀이었다.

내가 불러 시키는 일을 위해 바나바와 사울을 따로
세우라 행 13:2

이것은 바로 다음과 같이 말씀하시는 성령님의 명령이
었습니다.

> 그 일이 바로 나의 일이기 때문에 내가 책임지겠고, 내가
> 이 사람들을 선택하여 불렀나니 이 땅 위에 있는 그리스
> 도의 교회를 대표하는 너희들은 내가 불러 시키는 일을
> 위해 그 두 사람을 따로 세우라.

하늘로부터 내려온 이 메시지의 두 측면을 보라. 즉 그
사람들이 성령에 의해서 따로 세움을 입었다는 사실과
교회가 바로 그 일을 수행했다는 사실이다. 성령은 이
사람들이 그 일을 바른 정신으로 수행하도록 맡길 수 있
었다. 그들이 하나님과 신령한 교제를 나누며 살았기 때
문에, 성령께서 그들에게 "그들을 따로 세우라"고 말씀
하실 수 있었다. 그들은 성령께서 예비해 두신 사람들이
었기 때문에 "나를 위해 그들을 따로 세우라"고 성령이
친히 말씀하실 수 있었다.

  이제 우리는 사역자로서 꼭 필요한 삶의 근저에 다다
랐다. 우리가 가진 가장 시급한 문제는 이것이다.

  하나님의 능력이 우리들에게 더욱 강하게 역사하시

기 위해 필요한 것은, 우리가 일하고 있는 삶의 현장에서 가련하고 곤고한 사람들, 그리고 죽어가는 죄인들에게 하나님의 축복이 더욱 풍성하게 부어지는 일이 아니고 무엇이겠는가?

하늘로부터 들려온 대답은 "성령의 사역을 위해 사람을 따로 세우라"는 것이었다.

이것이 어떤 의미를 함축하고 있는가?

여러분이 알다시피 이 땅에는 두 가지 영이 있다. 그리스도께서 성령에 대해 말씀하실 때 "세상은 능히 그를 받지 못하나니"요 14:17 라고 하셨다. 바울 역시 "우리가 세상의 영을 받지 아니하고 오직 하나님으로부터 온 영을 받았으니"고전 2:12 라고 말한 바 있다. 모든 그리스도인 사역자들에게 가장 필요한 것은 세상의 영이 떠나고 오직 하나님의 성령이 심령 가운데 오셔서 내적인 삶과 전 존재를 장악하는 일이다.

내가 확신하는 바, 많은 사람들이 하나님께 성령을 구하며 성령의 능력이 그들의 사역 가운데 역사해 주시기를 간구한다. 그리고 그들은 상당한 능력을 의식할 때 축복을 받았다고 생각하고 그것으로 하나님께 감사한다. 그러나 하나님은 좀 더 엄숙하고, 좀 더 숭고한 그 무엇을 원하신다.

하나님은 우리가 우리 자신의 심령과 삶에 능력의 성령을 구하여, 자아를 정복하고 죄를 던져버리기를 원하실 뿐만 아니라 우리의 심령 가운데 아름다운 예수님의 형상을 이루시기를 원하신다.

은사로 나타나는 성령의 능력과 거룩한 삶의 은혜를 위한 성령의 능력에는 분명한 차이점이 있다. 사람이 종종 성령의 능력을 소유할 수도 있다. 그러나 은혜와 거룩함의 영으로써가 아니면 아무리 큰 능력이 나타난다 할지라도, 그 사람이 하는 일에는 분명히 어떤 결점이 드러날 것이다.

성령이 회심의 수단으로 사용될 수는 있어도 사람들로 하여금 높은 수준의 영적인 삶을 살도록 돕는 일에는 전혀 도움이 안 된다는 말이다. 그래서 성령이 사라질 때 그의 많은 업적도 역시 물거품이 되고 만다. 그러나 성령으로 말미암아 구별된 사람은 다음과 같이 고백할 준비가 되어 있다.

> 아버지여! 성령으로 하여금 나를 온전히 다스리게 하소서. 나의 가정과 나의 성격, 그리고 나의 입술의 모든 말과 마음의 모든 생각, 또 나의 동료들을 향한 모든 감정을 성령이 통치하게 하시옵소서. 나로 성령의 전적인 소유가 되게 하옵소서.

구별되어 성령께 온전히 드려진 사람이 되는 것, 그것이 여러분의 소원이었고 하나님과 맺은 마음의 약속이었던가?

간절히 기도하기는, 여러분도 하늘로부터 들려 오는 "나의 사역을 위해 따로 세우라"는 성령의 음성을 들을 수 있기를 바란다.

그렇다. 성령의 사역을 위해 따로 구별되어야만 한다. 말씀이 우리의 심령 깊은 곳으로 들어가 우리 자신의 전체를 조명해 주시기를 바란다. 만일 하나님께서 우리 안에 있는 이기적인 삶과 자기 고집, 그리고 자기 영광의 모습을 들추어 내신다면, 우리는 겸손하게 그분 앞에 겸손히 엎드려야 한다.

여러분은 성령의 사역을 위해 구별되었는가?

그것이 여러분의 간절한 소망이 아닌가?

그것을 위해 온전히 항복했는가?

그것이 부활하신 능력의 주 예수 그리스도의 능력을 믿음으로 말미암아 여러분이 기대했던 바인가?

만일 지금까지 그렇지 못했다면 여기에 믿음의 부름이 있고, 또 축복의 열쇠가 있다. 바로 성령의 사역을 위해 구별된 사람이 되는 것이다. 하나님은 그 말씀을 우리 심령에 기록하신다.

말씀드린 것과 같이, 성령은 그 일을 할 수 있는 교회에 그 말씀을 하셨다. 성령은 그들을 신뢰하셨다. 하나님은 우리들의 교회와 선교회, 그리고 연합회와 위원회들이 모두 성령의 사역을 위해 일꾼들을 따로 세우는 일에 합당한 남자들과 여자들이 되게 하셨다. 우리는 그 문제를 위해 하나님께 요청할 수도 있다.

5. 의식과 행동의 문제

성령과 더불어 일하는 이 거룩한 동역 partnership 은 의식 consciousness 의 문제일 뿐만 아니라 행동 action 의 문제이다.

이 사람들은 무엇을 하였는가?

그들은 바울과 바나바를 구별하여 따로 세웠다. 말씀은 계속해서 그 두 사람이 성령의 보내심을 받아 실루기아로 내려갔다고 증거한다.

아! 이 얼마나 아름다운 교제인가!

하늘에 계신 성령께서 그 일의 일부를 담당하시고, 땅에 있는 사람이 나머지 일부를 완수하였다. 하나님의 영감된 말씀은 계속해서 증거하기를, 땅에 있는 그들이 임직을 받은 후에 성령의 보내심을 받았다고 말한다.

이와 같은 동역이 어떻게 새로운 기도와 금식을 요구하는지 보라. 그들은 과거에도 금식함으로써 주를 섬겼다. 그런데 또다시 성령께서 그들에게 말씀하시자 그들은 사역을 시작하게 되었고, 동역의 관계 속에서 함께 더욱 힘써 금식하며 기도하게 되었던 것이다.

그것이 바로 그들로 하여금 주의 명령을 순종할 수 있도록 역사하신 성령의 사역이었다. 그리고 그것은 성도들의 사역의 시작에서뿐만 아니라 줄곧 우리들에게 기도의 능력이 필요하다는 사실도 교훈해 주고 있다.

그리스도의 교회에 대해, 때로 나에게 억제할 수 없는 슬픔을 일으키는 한 가지 생각이 있다. 또한 나 자신의 생활을 살펴볼 때, 나를 부끄럽게 하는 한 가지 생각이 있다. 내가 느끼는 그 생각은, 그리스도의 교회가 그것을 받아들이지도 않으며, 또한 그것을 붙들지도 않는 생각이다. 그 생각은 나로 하나님께 이렇게 기도하게 하는 생각이다.

"오, 하나님이여! 당신의 은혜로 새로운 것을 가르쳐 주시옵소서."

주의 나라에서 기도는 놀라운 능력을 가진다. 그런데 우리는 그것을 너무나 적게 사용하였다.

우리들은 모두 존 번연 John Bunyan 의 위대한 작품(『천로역정』을 의미함-역주)에서 그리스도인의 삶을 읽어보았을 것이다. 그는 무저갱을 열 수 있는 열쇠를 그의 품속에 간직하고 있었다.

우리들도 우리가 살고 있는 도시나 읍, 마을, 또는 이방나라의 무저갱을 열 수 있는 열쇠를 가지고 있다. 그러나 우리는 기도하기보다는 오히려 일에 매달리는 경향이 훨씬 더 많다. 또한 하나님께 말씀드리는 것보다 차라리 사람을 설득하는 편이 더 효과적이라고 확신해 버린다.

성령께서 명령하신 일을 인하여 새롭게 금식하며 기도한, 그리고 성령의 일과 세상의 쾌락을 구별할 뿐만 아니라 하나님께 헌신하며 그와 더불어 신령한 교제를 나눈 이 사람들에게서 우리는 배워야 한다. 그들은 자신을 포기하고 금식하며 기도했다.

그리스도인들이 모든 일상적인 일을 할 때에 우리 자신의 속사람에게 더 큰 축복을 줄 수 있는 비결로 기도보다 좋은 것은 없다. 우리가 세상을 향하여 느끼고 증명하고 증언하기를 원한다면, 우리의 유일한 능력은 매 순간 그리스도와 교제를 계속하고 분초마다 하나님이 우리의 심령 가운데서 역사하시도록 하는 데 있다.

만일 그것이 우리의 영이라면 하나님의 은혜로 우리의 삶이 더욱 거룩해지지 않겠는가?

우리의 삶에 더욱 풍성한 열매가 있지 않겠는가?

나는 하나님의 말씀 가운데 갈라디아서 3:3에 나오는 사도 바울의 말씀보다 더 엄숙한 경고를 알고 있지 못하다.

성령으로 시작하였다가 이제는 육체로 마치겠느냐 갈3:3

여러분은 그것이 무엇을 의미하고 있는지 이해할 수 있

는가?

성령 안에서 많은 기도로 시작한 그리스도인의 삶과 사역에 있어서 끔찍한 위험은 삶과 사역이 점차적으로 탈선하여 육체의 정욕이라는 노선을 좇고 있는 것이다. 그래서 말씀은 너희가 "성령으로 시작하였다가 이제 육체로 마치겠느냐"라고 경고해 주는 것이다.

우리가 처음에 당혹하거나 무력해졌을 때 우리는 하나님께 많이 기도했고, 하나님은 응답하시고 축복하셨다. 나아가 우리들의 조직은 점차적으로 완성되었으며 동역자들도 많아지게 되었다. 하지만 조직과 사역과 인파가 우리를 사로잡았고, 처음에 미약한 조직으로 시작할 때에 우리에게 있었던 성령의 능력은 거의 상실하고 말았다.

부디 이 사실을 깊이 명심하기 바란다!

그 제자들의 무리가 성령의 명령을 따라 준행했던 것은 바로 새로운 기도와 금식, 그리고 더 많은 기도와 금식이었다.

"내 영혼아! 오직 하나님만 바라라."

이것은 우리의 가장 높고도 중요한 사역이다. 믿음으로 드리는 기도에 대한 응답으로 성령이 오실 것이다.

여러분이 알다시피, 존귀하신 예수께서 보좌에 오르셨을 때 그분을 기다리는 제자들은 그 보좌의 발등상에서 10여 일 동안 부르짖었다. 그것이 바로 하나님의 나라의 법이다. 다시 말하면, 왕은 보좌에 계시고 종들은 발등상에 있다. 거기에서 간구하는 우리들을 하나님께서 찾으시기를 바랄 뿐이다.

6. 성령의 인도와 우리의 순종

성령께서 우리의 사역을 친히 인도하시고, 지도하실 때에 그리고 그 일이 그분께 순종함으로써 진행될 때에 나타날 놀라운 축복에 관한 문제이다.

여러분은 아마도 바나바와 사울이 파송받게 된 선교 이야기를 잘 알고 있을 것이다. 그리고 얼마나 큰 능력이 그들과 함께했던가에 대해서도 모르지 않을 것이다. 성령께서 그들을 파송하셨기 때문에 그들이 가는 곳곳마다 큰 축복의 역사가 일어났다. 이는 성령 자신이 바로 그들의 지도자였기 때문이었다. 그리고 그들의 사역 가운데 나타났던 그 축복은 또한 주님을 위한 것이었다.

하나님께서 우리들을 위한 축복을 예비해 두고 계심을 확신할 수 있어야 한다. 하나님께로부터 사역의 책임을 위임받은 성령께서 거룩하신 삼위의 행정관으로 위촉을 받으신 것이다.

성령은 능력의 영이실 뿐만 아니라 또한 사랑의 영이시다. 그는 이 어둠의 세상과 우리들이 살고 있는 국가에서 이루어지는 모든 분야의 일들을 돌보실 뿐만 아니라 또한 축복하길 좋아하신다.

그런데 왜 더 큰 축복을 받지 못하고 있는가?

오직 한 가지의 대답이 있을 뿐이다. 우리들이 마땅히 돌려야 될 존귀를 성령께 돌리지 못하고 있기 때문이다.

그 대답이 틀렸다고 반론을 제기할 사람이 한 사람이라도 있는가?

아마도 사려 깊은 사람이라면 다음과 같이 하나님께 고백할 것이다.

> 하나님이여! 성령께 당연히 돌려야 할 존귀함을 돌리지 못하고 오히려 그를 슬프게 하고, 성령께서 마땅히 영광을 받으셔야 할 곳에서 자아를 내세우고, 육체를 자랑하며, 자신의 뜻을 고집한 잘못을 용서해 주시옵소서. 그리고 성령이 높임을 받으셔야 하는 곳에서 나 자신의 육체의 소욕과 고집을 내세웠사오니 그것도 용서하여 주시옵소서.

아! 우리의 죄는 우리가 알고 있는 것보다 훨씬 더 크다. 그리스도의 교회가 그토록 나약하고 실패 가운데 있는 것은 이상한 일이 아니다.

제5장 베드로의 회개

주께서 돌이켜 베드로를 보시니 베드로가 주의 말씀 곧 오늘 닭 울기 전에 네가 세 번 나를 부인하리라 하심이 생각나서 밖에 나가서 심히 통곡하니라 눅 22:61-62

그것은 베드로의 역사적 전환점이었다. 그리스도는 베드로에게 "네가 지금은 따라올 수 없으나"요 13:36 라고 말씀하셨다. 그는 그리스도를 따르기에 합당한 입장이 못되었다. 왜냐하면 그는 자기 자신에 대해서 결코 절망해 본 경험이 없었기 때문이다. 그는 자기 자신을 너무 몰랐기 때문에 그리스도를 따를 수 없었던 것이다.

그러나 그가 밖으로 나가서 애통하며 통곡했을 때 그의 심령에 큰 변화가 일어난 것이다. 그리스도께서 "너는 돌이킨 후에 네 형제를 굳게 하라"눅 22:32 라고 베드로에게 미리 당부하셨다. 여기가 바로 베드로가 자아로부터 그리스도께로 돌이킨 지점이다.

나는 베드로의 이야기를 인하여 하나님께 감사한다. 나는 성경 가운데서 베드로보다 우리들에게 더 큰 위로를 주는 사람을 아직 발견하지 못했다. 우리가 그의 성격을 고찰해 볼 때 그는 실패할 소질이 다분한 사람이었다. 그러나 주께서 성령의 능력으로 말미암아 그를 새롭게 하신 사실을 통하여 우리는 또다시 우리들에게도 약간의 희망이 있다는 것을 발견하게 된다.

그러나 기억하라. 주께서 그를 성령으로 충만케 하셔서 새로운 피조물로 만드시기 전에 베드로는 먼저 밖으로 나가서 통곡해야 했다. 그는 겸손해져야 했다. 이런 일련의 사실들을 좀 더 깊이 연구해 보기를 원한다면 우리는 다음과 같은 네 가지의 항목을 구체적으로 고찰할 필요가 있다.

1. 예수님의 충성된 제자 베드로

그리스도의 충성된 제자 베드로를 고찰해 보자.

　그리스도께서 베드로를 부르실 때 그는 그물과 배를 버리고 주님을 좇았다. 그는 그것을 즉시 실천했다. 그래서 그는 후에 주님께 감히 다음과 같이 고백할 수 있었다.

> 우리가 모든 것을 버리고 주를 따랐사온대" 마 19:27

그는 주님을 따르기 위해 모든 것을 포기했다. 그리고 그는 진실한 순종의 사람이었다. 여러분은 그리스도께서 베드로에게 "깊은 데로 가서 그물을 내려 고기를 잡으라"고 말씀하신 것을 기억할 것이다. 어부였던 그가 깊은 곳에 고기가 없다는 사실을 모를 리 만무했다. 그럼에도 베드로는 이렇게 말했다.

> 말씀에 의지하여 내가 그물을 내리리이다 눅 5:5

베드로는 예수님의 말씀에 순종했다. 더군다나 그는 위

대한 믿음의 사람이었다. 그리스도께서 물 위로 걸어오시는 것을 보았을 때 베드로가 "주여 만일 주님이시거든 나를 명하사 물 위로 오라 하소서"^마 14:28 라고 말하자, 주님은 그것을 허락해 주셨다. 그리고 주님의 허락이 떨어지자마자 그는 곧 배를 떠나 물 위를 걸어갔다.

또한 베드로는 영적인 통찰력의 사람이었다. 그리스도께서 제자들에게 "너희는 나를 누구라 하느냐"^마 16:15 하셨을 때, 베드로는 즉시 "주는 그리스도시요 살아 계신 하나님의 아들이시니이다"^마 16:16 라고 대답할 수 있었다. 그때 주님은 "바요나 시몬아 네가 복이 있도다 이를 네게 알게 한 이는 혈육이 아니요 하늘에 계신 내 아버지시니라"고 칭찬하시면서 흐뭇해하셨다. 그래서 주님은 그에게 반석이라는 별명을 주시고, 그에게 천국의 열쇠를 주셨다.

베드로는 열정적이고 헌신적인 예수님의 제자임에 틀림없다. 만일 그가 오늘날에 산다면, 모든 사람들이 그를 성숙한 그리스도인이라 말할 것이다.

그럼에도 불구하고 그에게는 얼마나 많은 결점이 있었던가!

2. 이기적인 삶을 살았던 베드로

이기적인 삶을 살았던 베드로를 고찰해 보자.

여러분은 조금 전에 예수께서 베드로에게 "이를 네게 알게 한 이는 혈육이 아니요 하늘에 계신 내 아버지시니라"^{마 16:17}고 말씀하신 사실을 기억할 것이다. 그리스도는 계속해서 자기가 예루살렘에 올라가 많은 고난을 받고, 죽임을 당할 것을 제자들에게 가르치셨다. 그때 베드로는 예수님을 붙들고 "주여 그리 마옵소서 이 일이 결코 주께 미치지 아니하리이다"^{마 16:22}라고 감히 반론을 제기했다.

그때 그리스도께서 말씀하셨다.

> 사탄아 내 뒤로 물러 가라 너는 나를 넘어지게 하는 자로다 네가 하나님의 일을 생각하지 아니하고 도리어 사람의 일을 생각하는도다 ^{마 16:23}

완고한 베드로는 자신의 지혜를 신뢰했기 때문에 그리스도께서 예루살렘으로 올라가서 죽으실 것을 막았던 것이다.

어디로부터 그런 생각이 나오게 된 것인가?

베드로는 자신을 믿었다. 신령한 일에 대한 자기 자신의 생각을 믿었다.

계속해서 보면 제자들에게는 또 다른 문제, 곧 그들 중에 누가 제일 큰가 하는 논쟁이 두 번 이상 있었다. 베드로 역시 그들 중 한 사람이다. 그는 자기가 가장 높은 자리에 앉을 권리가 있는 것으로 생각했다. 그는 다른 사람들보다 그 자신의 영광을 구했다. 베드로에게 가장 강하게 나타났던 것이 바로 이기적인 삶이었다.

그리스도께서 베드로에게 자기가 받을 고난을 말씀하시고, "사탄아 내 뒤로 물러 가라"고 책망하신 다음에 다음과 같이 말씀하셨다.

> 누구든지 나를 따라오려거든 자기를 부인하고 자기 십자가를 지고 나를 따를 것이니라 마 16:24

그렇게 하지 않고서는 아무도 그리스도를 따를 수 없다. 자아가 철저하게 부정되어야 한다.

이것은 어떤 의미인가?

베드로가 주를 부인할 때 그는 세 번씩이나 "내가 그를 알지 못하노라"고 말했다. 말하자면, "나는 그 사람과는 아무런 상관이 없다. 그와 나는 친구가 아니다. 나는 그와 어떤 연고도 부인한다"라고 한 것이다. 그러므로 그리스도께서 자기를 부인하지 않으면 안 된다고 말씀하신 것이다.

자기는 반드시 무시되어야 한다. 그리고 자아의 모든

주장은 포기되어야 한다. 그것이야말로 참된 제자도의 기초이다. 그러나 베드로는 그것을 이해하지도 못했고, 순종하는 일은 더욱 불가능했다.

그러다가 어떤 일이 일어났는가?

마지막 날 밤에 그리스도께서 베드로에게 말씀하시기를, "오늘 닭 울기 전에 네가 세 번 나를 모른다고 부인하리라" 눅 22:34 고 예언하셨다.

그러나 자만심으로 가득 차 있던 베드로는 무엇이라고 대답했는가?

> 모두 주를 버릴지라도 나는 결코 버리지 않겠나이다
> 마 26:33

> 내가 주와 함께 옥에도, 죽는 데에도 가기를 각오하였나이다 눅 22:33

물론 베드로는 솔직하게 말했다. 정말 그렇게 할 의도로 대답했다. 하지만 그는 자기 자신을 너무 몰랐다. 그는 예수님이 자기 자신에 대해 말씀하신 것 만큼 자신이 나쁘다고 믿지 않았다.

우리는 하나님과 우리들 사이에서 발생하는 개인적인 죄를 생각할 것이다.

그러나 우리는 전혀 깨끗하지 못한 우리의 본성인 바,

이기적인 생활과 얼마나 깊은 관련을 맺고 있는가?

그리고 전적으로 죄의 권세 아래 있는 육체와 또 얼마나 깊은 관계를 맺고 있는가?

우리에게 필요한 것은 바로 그것들로부터의 구원이다. 그런데 베드로는 그것을 알지 못했다. 그러므로 그가 나아가 자기의 주님을 부인했던 것은 자기 확신으로 말미암은 것이었다.

그리스도께서 그 말을 어떻게 두 번 사용하셨는지 주목하라. 그는 먼저 베드로에게 "자기를 부인하라"고 말씀하셨다. 예수님은 베드로에게 두 번째로 "네가 나를 부인하리라" 말씀하셨다. 둘 중에 하나이다.

우리는 양쪽을 다 선택할 수 없다. 자아를 부인하든지 아니면 그리스도를 부인해야만 한다. 우리들의 심령 가운데는 두 큰 권세가 끊임없이 다투고 있는데, 그것은 죄의 권세 안에 있는 자아의 본성과 하나님의 권세 안에 있는 그리스도시다. 우리들의 심령은 반드시 둘 중 어느 한 쪽의 지배를 받고 있다.

3. 회개하는 베드로

베드로의 회개에 대해서 상고해 보자.

그가 세 번씩이나 주님을 모른다고 부인했을 때 그리

스도는 돌이켜 베드로를 쳐다보셨다. 그래서 그는 즉시 자기가 범한 무서운 죄와 저질렀던 큰 실수를 솔직하게 인정하고서 심령 깊이 낙담하여 "밖에 나가서 심히 통곡"마 26:75 했다.

그 회개가 어떻게 일어났는지 누가 말할 수 있는가?

베드로는 주님을 부인한 그날 밤의 남은 시간과 그 다음날 그리스도께서 십자가에 못 박히시고 장사되시는 장면을 목격하는 일에 대해, 그리고 그 다음날 안식일을 보내면서 무능한 자신에 대해 얼마나 절망과 부끄러움을 느꼈겠는가!

> 나의 주님이 떠나가셨다. 나의 소망도 사라지고 말았다. 그리고 나는 나의 주님을 부인했다. 그 사랑하던 삶 후에, 3년간의 복된 교제 후에 나는 나의 주님을 부인하고 말았다. 하나님이여! 나에게 자비를 베푸소서!

그때 베드로가 얼마나 깊은 겸손에 들어갔는지 우리가 이해할 수 있다고 나는 생각하지 않는다. 그러나 그것은 베드로를 새로운 사람으로 만든 전환점이었음에 틀림없다. 일주일의 첫날에 부활하신 주님은 베드로를 만나주셨다. 그리고 저녁에 주님은 또다시 다른 제자들과 함께 그를 만나주셨다.

후에 주님은 갈릴리 호숫가에서 베드로에게 물으

셨다.

"네가 나를 사랑하느냐?"

예수님은 베드로가 주님을 세 번 부인했던 사실을 상기시킴으로 그가 애통하는 마음으로, 그리고 솔직한 심정으로 대답하게 하셨다.

> 주님 모든 것을 아시오매 내가 주님을 사랑하는 줄을 주님께서 아시나이다 요 21:17

4. 그리스도께서 성령을 통하여 새롭게 하신 베드로

그리스도께서 성령을 통하여 새롭게 하신 베드로의 모습이다.

이제 베드로는 자신으로부터 구원받을 준비가 되었다. 그리스도는 다른 제자들과 더불어 베드로를 데리고 보좌의 발등상으로 나아가사 거기에서 기다리도록 명령하셨다. 드디어 오순절 날에 성령이 오셨고, 베드로는 변화되었다.

나는 단순히 변화된 베드로의 담대함과 능력, 그리고 성경을 사용하는 통찰력, 또한 그날에 그가 전파한 놀라운 축복에 대해서만 생각하지 않기를 바란다. 물론 그 모든 사실로 인하여 하나님께 감사한다. 그러나 베드로에게는 좀 더 깊고 나은 무언가가 있었다. 그것은 베드로의 본성이 완전히 변화된 것이다.

그것을 확인하고 싶거든 베드로전서를 읽어보기 바란다. 여러분은 거기에서 베드로가 실패한 원인을 찾아낼 수 있을 것이다. 베드로가 그리스도에게 "주여 그리 마옵소서 이 일이 결코 주께 미치지 아니하리이다"^{마 16:22}라고 한 것은, 그가 죽음을 통해 생명으로 이르는 것이 무엇인지에 대한 개념을 알지 못했기 때문이다.

그리스도께서 그에게 "자신을 부인하라"고 말씀하셨음에도, 베드로는 오히려 주님을 부인하고 말았다. 주께서 그에게 "네가 나를 부인하리라"고 경고하셨을 때도 그는 자기가 주님을 결코 부인하지 않을 것이라고 주장함으로써 자기 자신이 어떤 존재인지 전혀 이해하지 못하고 있었음을 폭로하였다. 하지만 나는 그의 서신을 읽으면서 그의 말을 듣게 되었다.

> 너희가 그리스도의 이름으로 치욕을 당하면 복 있는 자로다 영광의 영 곧 하나님의 영이 너희 위에 계심이라
> 벧전 4:14

그리고 이제 나는 말할 수 있다.

"이것은 옛날의 베드로가 아니다. 이는 그의 심령 속에서 숨쉬고 말씀하시는 그리스도의 영이시다."

나는 또 "이를 위해 너희가 부르심을 받았으니 그리스도도 너희를 위해 고난을 받으사" 벧전 2:21 라는 말씀을 읽을 때 베드로가 참으로 변화되었음을 이해할 수 있었다. 이제 베드로는 그리스도를 부인하기보다는 오히려 자기를 부인하고, 스스로 십자가에 못박혀 죽음으로써 기쁨과 즐거움을 발견할 수 있는 새로운 피조물이 된 것이다.

그러므로 우리가 사도행전에서 발견할 수 있는 바는 그가 공회 앞에 섰을 때 "사람보다 하나님께 순종하는 것이 마땅하니라" 행 5:29 라고 담대하게 증거한 사실과 다른 제자들과 더불어 풀려나올 때 그들이 그리스도의 이름을 위해 능욕받는 일에 합당한 자로 여김 받는 것을 기뻐했다는 사실이다.

여러분은 베드로의 자기 높임을 기억할 것이다. 그러나 이제 그는 말한다.

> 너희의 단장은…오직 마음에 숨은 사람을 온유하고 안정한 심령의 썩지 아니할 것으로 하라 이는 하나님 앞에 값진 것이니라 벧전 3:3-4

> 다 서로 겸손으로 허리를 동이라 하나님은 교만한 자를 대적하시되 겸손한 자들에게는 은혜를 주시느니라 벧전 5:5

친구여, 내가 간청하며 말하노니 완전히 변화된 베드로를 보라. 자기 만족적이고, 자기 신뢰적이고, 자기 추구적이고, 죄로 가득하고, 끊임없이 곤경에 빠지고, 어리석고 성급하였던 베드로가 이제는 성령과 예수님의 생명으로 충만하게 채워졌다. 그리스도께서 친히 그를 위해 성령으로 그렇게 행하셨다.

그 사건은 단지 베드로 한 사람의 이야기로 끝날 것이 아니라 하나님의 축복을 기다리는 모든 그리스도인 사역자들의 역사가 되어야 한다. 그 사건은 모든 사람들이 하늘에 계신 하나님께로부터 축복을 받을 수 있다는 예언임에 틀림없다.

이제 이 교훈이 우리들에게 무엇을 가르쳐 주는 교훈들을 간략하게 생각해 보기로 하자.

첫째, 여러분은 매우 열심 있고 경건하며 헌신적인 신자임에도, 여러분 안에 아직 육체의 소욕이 굉장히 강할 수 있다.

이것은 엄숙한 진리이다. 그리스도를 부인하기 이전의 베드로는 귀신을 쫓아내고 병자를 고쳤다. 그러나 그 안에 여전히 육체의 소욕이 자리하고 있었다. 사랑하는 자여, 하나님이 원하시는 대로 하나님의 능력이 우리 안에서 강하게 역사하지 못하는 것은 우리 안에 이기적인 자아가 너무 많기 때문이라는 사실을 우리는 반드시 깨달아야 한다.

여러분들은 위대하신 하나님이 그의 축복을 배가하기 원하시며, 우리를 통해 10배의 축복을 주기를 간절히 원하시는지 알고 있는가?

그러나 그런 하나님의 역사를 방해하는 것이 있는데 그것이 바로 이기적인 자아이다. 우리는 베드로의 자만심과 경거망동, 그리고 그의 자존심에 대해서 이미 생각해 보았다. 한 마디로 말해서 그런 것들은 모두 자아라는 뿌리로부터 나온 것들이다. 그리스도께서 "자기를 부인하라"고 말씀하셨지만 베드로는 결코 그것을 이해하지도 못했고 또 순종하지도 않았다. 그리고 그것으로부터 모든 실패가 나온 것이다.

얼마나 심각하게 생각할 일이며, 하나님께 자신을 위해 시급하게 부르짖어야 될 일인가!

오, 하나님이여! 이 진리를 우리에게 나타내시고, 우리 중에 아무도 이기적인 자아의 삶을 살지 않게 하소서.

그런 일은 수년 동안 봉사해 왔던 사람들과 또 높은 위치를 차지하고 있는 사람들에게도 흔히 있을 수 있는 일이다. 그러나 하나님께서 그를 찾으시고, 그로 하여금 자신을 발견할 수 있도록 가르치실 때 그는 자신을 매우 부끄러워하며 상한 심령으로 하나님 앞에 엎드릴 수 있다. 마침내 그 속에서 구원을 찾기까지 그는 쓰디쓴 치욕과 슬픔, 그리고 고통과 고뇌를 겪을 것이다.

베드로는 밖에 나가서 통곡했다. 경건하다고 자처하는 많은 사람의 심령 속에 육체의 소욕이 여전히 판을 치고 있을 것이다!

둘째, 이기적인 자아의 세력을 드러내는 것은 우리의 복되신 그리스도의 사역이다.

육에 속한 베드로, 자기 의지로 가득 차 있던 베드로, 자존심으로 응어리진 베드로가 어떻게 오순절의 사람으로, 그리고 서신서의 기록자로 변화될 수 있었는가?

그것은 그리스도께서 그를 맡으시고 그를 지켜보셨을 뿐만 아니라, 그를 가르치시고 축복하셨기 때문이다. 그리스도께서 그에게 주신 경고도 역시 그를 위한훈련의 일부였으며 또 사랑스러운 눈길로 그를 내려다보신 것도 같은 의도였다. 그리스도는 고난 중에도 그를 잊지 않으시고 돌이켜 그를 쳐다보신 것이다. 그리고 베드로가 밖에 나가 통곡했다.

베드로를 오순절로 인도해 주신 그리스도는 지금도 여전히 자신을 온전히 그에게 헌신하려고 다짐하는 모든 심령들을 책임져 주시기 위해 기다리고 계신다.

'이기적인 자아와 자기 연민, 자의식, 자기 만족 그리고 자기 고집과 같은 단점들이 자신에게 있으며 또 그것들을 어떻게 하면 없애버릴 수 있을까?'

이렇게 고민하는 사람이 있는가?

나의 대답은 이것이다.

오직 예수 그리스도께서 여러분의 단점들을 모두 제거해 주실 수 있다. 이기적인 자아의 권세로부터 여러분을 구원할 자는 오직 예수 그리스도밖에 없다.

그분이 여러분에게 요구하시는 것은 무엇인가?
그분이 요구하시는 것은 오직 여러분의 겸손뿐이다.

제6장 온전한 헌신

아람의 벤하닷 왕이 그의 군대를 다 모으니 왕 삼십이 명이 그와 함께 있고 또 말과 병거들이 있더라 이에 올라가서 사마리아를 에워싸고 그 곳을 치며 사자들을 성 안에 있는 이스라엘의 아합 왕에게 보내 이르기를 벤하닷이 그에게 이르되 네 은금은 내 것이요 네 아내들과 네 자녀들의 아름다운 자도 내 것이니라 하매 이스라엘의 왕이 대답하여 말하기를 내 주 왕이여 왕의 말씀 같이 나와 내 것은 다 왕의 것이니이다 하였더니 왕상 20:1-4

벤하닷이 요구한 것은 온전한 헌신이었다. 아합이 준 것 또한 온전한 헌신이었다. 아합이 벤하닷을 향하여 "내 주 왕이여 왕의 말씀 같이 나와 내 것은 다 왕의 것이니이다"라고 고백한 이 말을 하나님의 모든 자녀들도 마땅히 자신을 아버지께 복종시켜야 된다는 측면에서, 온전한 헌신이라는 개념으로 사용하려고 한다.

우리가 전에도 그 말을 들었겠지만, 우리는 그것을 매우 분명하게 들을 필요가 있다. 즉 하나님의 축복의 조건은 우리의 모든 것을 그분의 손에 온전히 드리는 것이다. 할렐루야! 만일 우리의 심령이 기꺼이 그렇게 한다면, 하나님께서 우리를 위해 행하실 일과 베푸실 축복은 끝이 없을 것이다.

'온전한 헌신' absolute surrender 이라는 이 말을 어디에서 얻었는지 말하고 싶다. 스코틀랜드에 있을 때 나는 동료들과 더불어 그리스도의 교회가 당면하고 있는 입장과 또 교회의 성도들에게 가장 필요한 것이 무엇인지에 대해서 담소를 나눈 적이 있다. 우리 일행 중에는 그리스도인 사역자들을 훈련시키는 일에 큰 몫을 차지하던 한 사람이 있었는데, 나는 그에게 교회가 시급히 해야 될 일이 있다면 무엇인지 말해주기를 요청했다.

그는 매우 조용하고 단순하게 그리고 매우 결정적인 대답을 했다.

"하나님께 대한 온전한 헌신이야말로 우리가 해야 될

유일한 일이지요."

그 말은 내가 과거에 얻지 못했던 큰 감동을 주었다. 그리고 그는 사역자들을 훈련시키는 일에 종사하면서 발견한 것을 말하기 시작하였다. 만일 사역자들이 그 점에서 분명하다면, 비록 그들이 영적 침체에 빠져 있더라도 기꺼이 가르침과 도움을 받고 언제나 진보를 나타내지만, 반대로 그 점에서 분명하지 않은 사역자들은 침체에 빠져 사역을 포기해 버리는 일이 빈번하다는 사실이다. 하나님의 풍성한 축복을 받을 수 있는 조건은 그분께 대한 온전한 헌신뿐이다.

그리고 이제 나는 하나님의 은혜로 여러분에게 이와 같은 메시지를 전하기 원한다. 즉 하늘에 계신 하나님은 이 한 가지 조건에 따라서 여러분과 또 여러분의 주위에 있는 사람들을 위해 축복해 달라고 간구한 기도의 응답을 반드시 보내주실 것이다.

여러분은 자신을 온전히 그의 장중(掌中)에 의탁하기를 원하는가?

우리는 어떻게 대답해야 하는가?

하나님은 그렇게 말한 수백 명의 사람들이 있다는 것을 알고 계신다. 하나님은 그렇게 말하기 원하는 수백 명의 사람들이 있다는 것도 알고 계신다. 그러나 용감하게 그렇게 행하는 사람은 거의 없다. 그리고 그렇게 말했지만 비참하게 실패하고, 그러한 삶을 살 수 있는 능력의 비밀을 찾지 못해 스스로를 정죄하고 있는 사람들도 있다. 하나님이 그들 모두에게 말씀을 주시기를 바란다. 무엇보다 먼저 하나님이 우리에게 요구하시는 것부터 말씀드리기 원한다.

1. 하나님은 우리의 헌신을 요구하신다

그렇다. 그것은 하나님의 성품에 있어서 기초를 이루고 있는 요소이다. 하나님은 온전한 헌신 외에 다른 방법으로 일하기를 원치 않으신다.

하나님은 누구신가?

그는 생명의 원천이 되시며 존재의 유일한 원인이 되시고 또 전능하시며 선하신 분이다. 온 우주 가운데 그가 하시는 일보다 더 선한 것은 없다. 하나님은 해와 달과 별을 지으시고 또 꽃들과 나무들과 초목들을 만드셨다.

그리고 그것들은 모두 하나님께 온전히 복종하고 있지 않은가?

그것들은 하나님께서 온전히 기뻐하시는 뜻대로 그들 가운데 역사하시도록 허용하고 있지 않은가?

하나님께서 백합화를 그 아름다움으로 옷 입히셨을 때, 그것은 하나님이 그 아름다움 가운데 역사하시도록 자신을 하나님께 복종하고 항복하며 송두리째 드리지 않는가?

구속받은 하나님의 자녀들이여!

여러분들이 절반 혹은 일부분만 헌신해도 하나님께서 역사하실 수 있다고 생각하는가?

하나님은 그러실 수 없다. 하나님은 우리의 생명과 사랑과 축복이 되시는 분이다. 또 그는 능력과 무한한 아름다움을 소유하신 분이며 그를 영접해 들이기를 준비하는 모든 자녀들에게 자신을 나타내시기를 좋아하시는 분이다. 그러나 온전히 헌신하지 못하는 이 한 가지 결점은 하나님께서 우리 가운데 역사하지 못하도록 방해하는 거침돌이 된다. 하나님은 지금도 우리들에게 찾아오셔서 온전한 헌신을 요구하신다.

여러분은 일상에서 온전한 헌신이 어떤 것인지 안다. 여러분이 특별하고도 뛰어난 목적과 봉사를 위해서 모든 것을 포기해 버려야 하는 것을 안다. 예를 들어, 호주머니에 펜이 들어 있다고 가정해 보자. 펜이 그 펜을 쓰는 사람에게 온전히 복종해야 하는 것은 매우 당연하다.

만일 그 펜을 가지고 좋은 글씨를 쓰려고 한다면 그 펜은 마땅히 그것을 쓰는 사람의 손에 온전히 복종해야 한다. 만일 그것이 다른 사람의 손에 부분적으로 붙들리게 되면 그것으로 보기에 좋은 글씨를 쓸 수 없다. 한편, 내가 입은 이 옷은 내 몸을 감싸기 위해서 온전히 나에게 주어졌다. 우리가 있는 이 건물은 종교적 봉사를 위해 온전히 드려졌다.

중생함으로 받게 된 영적인 본성인 바, 여러분의 불멸의 존재 가운데서 여러분이 자신을 그에게 전적으로 드리지 않아도 하나님이 매일매일, 또 매시간 역사하실 것이라 기대하는가?

하나님은 그럴 수 없으시다. 솔로몬 성전이 하나님께 헌당되었을 때 그것은 하나님께 온전히 헌납되었다. 우리 모두는 그에게 헌신한다는 이 한 가지 조건에서만 하나님께서 거하시며 또 강하게 역사하실 수 있는 하나님의 성전이다. 하나님은 그것을 요구하시며 또한 그것을 요구하시기에 합당한 분이시다. 그것이 없이는 우리들의 심령 가운데 나타나는 하나님의 복된 역사가 나타날 수 없다.

하나님은 헌신을 요구하실 뿐만 아니라 친히 그것을 이루실 것이다.

2. 하나님은 우리의 헌신을 이루고 계신다

내가 확신하는 바, "온전한 헌신에는 대단한 의미가 함축되어 있다"라고 말하는 사람들이 많이 있다. 어떤 사람이 이렇게 말했다.

나는 많은 시련과 고난을 겪었습니다. 그럼에도 불구하고 나에게는 아직 이기적인 자아가 많이 남아 있습니다. 나는 감히 그것을 완전히 포기해 버리지 않고 있는데, 그것은 나에게 또 다른 많은 어려움과 번뇌를 가져다줄 것을 알기 때문입니다.

하나님의 자녀들이 하나님에 대해서 그렇게 생각하고 그렇게 잔인한 생각을 하는 것은 참으로 슬픈 일이 아닐 수 없다. 하나님께 온전히 헌신하라는 것은 여러분 자신의 힘이나 의지로 그렇게 하라는 것이 아니다. 오히려 하나님께서 여러분 안에서 그렇게 역사해 주신다는 사실이다.

여러분은 이 말씀을 읽어보지 못했는가?

> 너희 안에서 행하시는 이는 하나님이시니 자기의 기쁘신 뜻을 위해 너희에게 소원을 두고 행하게 하시나니
> 빌 2:13

이것의 우리의 추구할 바이다. 영원하신 하나님께서 친히 여러분의 심령 가운데 들어오셔서 잘못을 바로잡으시고 또 악을 정복하시며 그가 보시기에 기쁘신 뜻대로 역사하신다는 사실을 우리의 심령이 믿기까지 하나님 앞에 나아가야 한다. 하나님은 친히 우리들 가운데 역사

하실 것이다.

구약성경 가운데 아브라함과 같은 인물들을 고찰해 보자.

여러분은 하나님께서 믿음의 조상이며, 하나님의 친구인 그를 발견한 것이 우연이라고 생각하는가?

또 하나님을 떠나서 아브라함 스스로 그런 믿음을 소유하고, 순종하며 헌신할 수 있었다고 생각하는가?

그렇지 않다는 것을 여러분은 알 것이다. 하나님은 그를 양육하시고 자신의 영광을 위한 도구로 준비하신 것이다.

하나님께서 바로에게 이렇게 말씀하지 않으셨던가?

> 내가 너를 세웠음은 나의 능력을 네게 보이고 출 9:16

하나님께서 바로에게 그렇게 말씀하셨다면, 하나님의 모든 자녀들을 위해서는 더 좋은 것으로 말씀하지 않으시겠는가?

나는 여러분들을 격려하기 원한다. 그리고 모든 두려움을 던져버리기를 원한다. 그 미약한 소원을 가지고 나오라. 자신의 욕구가 너무 미약하고 또 두려움이 심령 가운데 자리잡고 있어서 그 욕구를 가지고서는 충분히 버티기에 합당하지도 못하고, 모든 것을 극복해 나갈 만한 용기가 없다면, 당신의 하나님이 어떤 분이신가를 배우고 즉시 그분을 신뢰할 수 있기를 간절히 바란다. 그리고 기도하라.

"나의 하나님! 당신께서 나로 하여금 당신의 뜻에 기꺼이 순종하는 사람으로 만들어 주시기를 원합니다."

만일 여러분으로 하여금 진보하지 못하게 하는 것이 있다든지, 아니면 여러분이 두려워하는 어떤 희생이 예상된다면 즉시 하나님께 나아오라. 그리고 당신의 하나님이 얼마나 은혜로우신지 확인하라. 그리고 그는 주시지도 않은 것을 강요하지 않을까 염려하지 마라.

하나님은 여러분이 온전히 헌신할 수 있도록 여러분의 심령 가운데 오셔서 역사하고 계신다. 신령한 자석이신 예수 그리스도는 여러분의 심중에 있는 모든 추구나 굶주림, 또는 갈망을 끌어내실 수 있다.

그리스도는 친히 온전하게 복종하는 삶을 사셨으며 또한 그분은 여러분을 소유하고 계신다. 성령으로 말미암아 지금 여러분의 심령 가운데 거하신다는 말이다. 여러분은 하나님께서 여러분의 심령 가운데 역사하심으로 말미암아 그에게 온전한 헌신의 삶을 살도록 하실 수 있다는 것을 믿어야 한다.

하나님은 우리의 온전한 헌신을 요구하시며 또 그것을 이루시기 위해 역사하고 계실 뿐만 아니라, 우리의 온전한 헌신을 받으신다.

3. 하나님은 우리의 헌신을 받으신다

하나님은 우리의 은밀한 심령에 역사하심으로, 우리가 온전한 헌신에 이르러 그것을 고백하게 하신다. 그래서 우리는 그분께 온전한 헌신을 드려야 한다. 그런데 여러분이 하나님께 온전한 헌신을 드릴 때 여러분의 느낌이나 의식이 멈추지 않는 한 그것이 아주 온전하지 못하다고 생각하며, 의심하고 주저하며 이렇게 말할 수도 있을 것이다.

"이것이 온전한 헌신인가?"

그러나 그리스도께서 이렇게 말씀하신 사람이 한때 있었음을 기억하라.

> 할 수 있거든이 무슨 말이냐 믿는 자에게는 능히 하지 못할 일이 없느니라 막 9:23

그는 심중에 두려워하는 마음으로 이렇게 외쳤다.

> 내가 믿나이다 나의 믿음 없는 것을 도와 주소서 막 9:24

마귀를 이길 수 있었던 것은 믿음이었고, 악령은 쫓겨났다. 만일 당신이 "주여! 나는 온전하게 헌신하는 삶을 살기 원합니다"라고 고백할 수 있다면, 그것도 두렵고 떨리는 마음으로 그렇지만 분명한 의식을 가지고 이렇게 고백할 수 있다면 그것은 성공할 것이다.

> 내가 비록 능력의 임재를 느낄 수 없고, 어떤 결심이나 확신도 없지만, 나는 나의 하나님께 온전히 헌신하는 삶을 살기 원합니다.

두려워 말고 있는 모습 그대로 나아오라. 여러분이 두려워 떨고 있는 가운데서도 성령의 능력은 역사할 수 있다.

인간 편에서 볼 때 모든 것이 미약하게 보일 때에도, 성령이 큰 능력을 가지고 역사하실 수 있다는 교훈을 여러분은 배우지 못했는가?

겟세마네 동산에 계신 예수 그리스도를 생각해 보라.

영원하신 성령으로 말미암아 히 9:14

하나님께 희생을 드리셨다고 읽는다. 하나님의 전능하신 영이 그리스도로 하여금 그 일을 수행할 수 있도록 역사하셨다.

고민과 두려움, 그리고 솟구치는 슬픔이 그에게 엄습해 왔을 때 그분은 어떻게 기도했는가?

성령의 능력이 역사했다는 어떤 외적인 표지를 여러분

이 감지할 수 없을지라도 하나님의 영은 거기에 분명히 계셨다. 마음이 약해지고, 갈등과 두려움이 생긴다 할지라도, 성령의 은밀한 사역에 대한 믿음으로 두려워하지 말고 오직 자신을 하나님께 복종시킬 수 있기를 바란다.

여러분이 온전하게 헌신함으로써 자신을 하나님께 복종시킬 때 하나님께서 그것을 분명히 받아주신다고 하는 사실을 또한 믿어야 한다. 이 헌신을 통해 신자들이 하나님의 온전한 소유가 되는 것은 매우 중요하면서 또한 매우 자주 간과되는 문제이다. 나는 여러분들이 하나님께 온전히 사로잡히게 되길 기도한다. 나는 우리 모두가 하나님의 도움을 받아서 우리의 일상 가운데 하나님이 우리에게 더욱 분명해지시고 합당한 자리를 차지하시며 '모든 것의 모든 것'이 되시기를 바란다.

만일 우리가 그런 삶을 살기를 원한다면 우리 자신에게서 눈을 돌려 하나님 바라보자. 모든 사람이 다음과 같이 고백할 수 있기를 바란다.

> 땅 위의 불쌍한 벌레요, 하나님을 두려워하는 아이요, 실패와 죄와 두려움으로 가득한 내가 엎드리나이다. 내 마음에 있는 것을 아무도 알지 못하지만, 나는 단순하게 말씀드립니다.
>
> 오, 하나님! 나는 당신의 말씀을 받아들입니다. 나는 나 자신과 다른 사람들의 복을 위해 간구하였고, 온전한 헌

신의 말씀을 받아들였습니다.

여러분의 마음이 깊은 침묵 속에서 말할지라도 그것을 주목하고 그의 책에 쓰시는 하나님이 계시다는 사실을 기억하라. 그리고 바로 그 순간에 당신을 소유하시는 하나님이시다. 당신이 그것을 느끼지 못할 수도 있고 깨닫지 못할 수도 있지만 당신이 그를 신뢰한다면 하나님은 당신을 소유하실 것이다.

하나님께서 온전한 헌신을 요구하시고 그것을 이루시며, 온전한 헌신을 받아주실 뿐만 아니라 그런 삶을 지속할 수 있게 하신다.

4. 하나님은 우리의 헌신을 유지하신다

온전한 헌신의 삶을 지속함에 있어서 많은 사람들이 어려움을 겪고 있다. 사람들은 이렇게 말한다.

모임이나 집회에 참석해서 감동을 받을 때에는 하나님께 헌신하는 삶을 살려고 결심했다가도 얼마 되지 않아 그런 생각이 사라지고 맙니다. 내가 알기로는 그런 생각이 일주일, 혹은 한 달 동안 지속되지만 그 이후로 점점 시들어져 결국에는 완전히 없어지고 맙니다.

그러나 들어보라!

그것은 하나님께서 여러분의 심령 속에 온전한 헌신의 사역을 시작하시고 또 여러분의 헌신을 하나님께서 받아주실 뿐만 아니라 그 이후에는 여러분으로 하여금 그런 삶을 지속할 수 있도록 돌보시며 보호하신다는 사실을 여러분이 불신하기 때문이다.

그 사실을 믿으려는가?

이 헌신의 문제에는 '하나님과 나'라는 두 당사자가 존재한다. 다시 말하면, 벌레와 같은 나와 영원하고 전능하신 여호와 하나님이 계시다.

벌레와 같은 당신은 전능하신 하나님께 자기를 의탁하기를 두려워하고 있는가?

하나님은 그것을 원하신다.

그분이 날마다 순간마다 끊임없이 당신을 지킬 수 있다는 것을 믿지 않는가?

매 순간 나는 그의 사랑으로 보호하심을 받았네.
매 순간 나는 위로부터 내려오는 생명을 받았네.

태양이 매 순간 햇볕을 여러분에게 끊임없이 비추도록 하나님이 허락하셨다면, 하나님은 매 순간 그의 생명의 빛을 또한 여러분에게 비추어 주시지 않겠는가?

그렇다면 왜 여러분은 그것을 경험하지 못했는가?

그 이유는 여러분이 하나님을 신뢰하지 못하고, 믿음으로 그에게 온전한 헌신을 드리지 못했기 때문이다.

온전히 헌신하는 삶에는 어려움이 따른다. 내가 그것을 부인하는 것은 아니다. 평범하게 어렵다고 하는 그 이상의 무엇이 있을 것이다. 그것은 사람으로서는 도저히 불가능한 삶이다. 그러나 하나님의 은혜로, 하나님의 능력으로, 우리 가운데 거하시는 성령의 능력으로 말미암아 그것은 우리에게 목적된 삶이요, 진실로 가능한 삶이다.

할렐루야!

그러므로 하나님이 친히 그런 삶을 보전하신다는 사실을 믿기를 바란다.

90회 생일을 맞이한 조지 뮐러 George Mueller 에게 '행복의 비결이 무엇이며, 하나님께서 그를 찾아주셨을 때 받은 축복이 어떤 것이었는가' 물었을 때 했던 그의 말에 대해 읽어본 사람이 있을지도 모르겠다. 그때 그는 두 가지 축복이 있다고 대답했다.

첫째, 그는 하나님의 은혜로 말미암아 날마다 하나님 앞에서 선한 양심을 가지고 살 수 있었다는 사실이다.

둘째, 그가 하나님의 말씀을 사랑할 줄 아는 사람이 되었다는 사실이다.

조지 뮐러는 날마다 선한 양심을 가지고 하나님께 거짓 없는 순종을 드렸고, 그의 말씀 안에서 날마다 하나님과 교제를 나누었을 뿐만 아니라 날마다 기도함으로 하나님께 온전히 헌신하는 삶을 살 수 있었던 것이다.

그런 삶에는 두 가지 요소가 필요한데, 하나는 하나님께서 원하시는 일에 내가 온전히 헌신하는 일이며, 다른 하나는 하나님으로 하여금 그가 원하시는 일을 친히 하실 수 있도록 하는 것이다.

첫째, 하나님께서 원하시는 일을 내가 자발적으로 하는 것이다.

이때 우리는 하나님의 뜻에 자신을 완전히 내어맡기지 않으면 안 된다. 여러분이 하나님의 뜻을 전체적으로 파악할 수는 없어도 부분적으로 파악하고 이해하는 일은 가능할 것이다. 하지만 주 하나님께 전적으로 맡기면서 다음과 같이 고백해야 한다.

> 하나님이여! 나는 당신의 은혜로 말미암아 만사에 그리고 순간마다 당신의 뜻을 따르기 원합니다. 주 하나님이여! 내 입술로부터 나오는 한 마디의 말이라도 당신의 영광을 위한 것이 아니라면 하지 않게 하시며 또 당신의 영광을 위한 것이 아니라면 감정의 변화가 없게 하옵소서. 나의 마음으로부터 사랑의 감정을 나타내든지, 아니면 증오의 감정을 나타내든지 이 모든 것이 당신의 영광을 위하고 당신의 복된 의지에 따른 것이 되게 하옵소서.

혹자는 "당신은 그것이 가능하다고 생각하십니까?"라고 반론을 제기할지도 모른다. 그러나 나는 오히려 그 사람에게 하나님께서 약속하신 것이 무엇인지, 그에게 온전히 헌신하려는 심령에게 채워주시기 위해 하나님은 무슨 일을 하실 수 있는지에 대해 되묻고 싶다.

하나님은 우리의 예상을 초월하는 방법으로 우리들에게 복을 주시려고 대기하고 계시다. 처음부터 귀로도 듣지 못하고 또 눈으로도 보지 못할 방법으로, 하나님은 그를 기다리는 모든 사람들에게 복 주시려고 예비해 두셨다. 하나님은 여러분이 귀로도 듣지 못하고 생각도 할 수 없었던 일, 그리고 여러분의 상상을 초월하는 놀라운 축복들을 여러분이 받을 수 없을 만큼 풍성하게 예비해 두고 계신다는 말이다. 그것은 모두 신령한 축복에 속한다.

지금 하나님께 이렇게 고백하기 바란다.

"나는 나 자신을 온전히 하나님과 하나님의 뜻에 드립니다. 나는 하나님이 원하시는 것만을 행하기 원합니다."

여러분으로 하여금 온전한 헌신을 할 수 있도록 힘을 주시는 분이 바로 하나님 자신이기 때문이다.

둘째, 하나님께 나아와 이렇게 고백할 수 있기 바란다.

하나님이 내 안에서 역사하심으로 약속하신 대로 내가 그의 기쁘신 뜻을 내가 원하고 행할 수 있도록 나를 하나님께 온전히 드립니다.

그렇다. 살아 계신 하나님은 우리가 이해할 수 없는 방법으로 자기 자녀들의 심령 가운데 역사하기 원하신다. 하지만 하나님의 말씀은 나타났고, 하나님은 매일매일, 그리고 매 순간 우리 가운데 역사하기를 원하신다. 또 하나님은 우리의 생명을 보전하기를 기뻐하신다. 단지 우리의 온전한 헌신이 단순하고, 어린아이 같고, 무한히 신뢰하는 것이면 된다.

5. 하나님은 우리의 헌신에 복을 주신다

하나님께 대한 이 온전한 헌신은 놀라운 축복이 될 것이다.

아합이 자기의 원수인 벤하닷 왕에게 "내 주 왕이여 왕의 말씀 같이 나와 내 것은 다 왕의 것이니이다" 왕상 20:4 라고 말했다면, 우리들이 사랑하는 아버지 하나님께 그와 같은 고백을 하지 못할 이유가 무엇인가?

우리가 그런 고백을 할 수 있다면 하나님이 우리에게 복을 주실 것이다. 하나님은 우리가 세상과 구별되기를 원하신다. 우리는 하나님을 싫어하는 세상으로부터 나오도록 부르심을 받았다. 하나님을 위해 세상에서 나와 이렇게 고백하기 바란다.

"주여! 모든 것이 당신을 위한 일이 되게 하옵소서."

여러분이 그런 기도를 드려 그 기도가 하나님의 귓전에 들릴 때 하나님은 그것을 열납해 주시고 그것이 무엇을 의미하는지 여러분에게 가르쳐 주실 것이다.

내가 거듭 말하고 싶은 것은 하나님께서 여러분을 축복해 주실 것이라는 사실이다. 여러분도 물론 복을 받기 위해 지금까지 기도해 왔을 것이다. 그러나 한 가지 꼭 기억해야 할 것은 온전한 헌신이 선행되어야 한다는 점이다.

여러분은 차를 마시는 테이블에 앉을 때마다 보는 것이 있다.

어떻게 해서 차가 컵 속에 따라질 수 있었는가?

그것은 그 컵이 비어 있었기 때문이다. 말하자면 컵은 차를 담기 위해 자신을 포기하고 비어져 있었다는 말이다.

만일 그 컵에 잉크나 비니거 vinegar, 혹은 포도주를 담아 두었다면 어떻게 차를 따를 수 있었겠는가?

마찬가지로 여러분이 하나님께 온전히 헌신하지 않는다면 하나님이 어떻게 여러분에게 복으로 채워주실 수 있겠는가?

그럴 수 없을 것이다. 여러분은 하나님께서 여러분에게 주시려고 놀라운 축복을 예비해 두셨다는 사실을 믿어야만 한다. 또 여러분이 두렵고 떨리는 심령과 믿는 마음으로 다음과 같이 고백할 수 있기를 바란다.

> 오, 하나님! 내가 당신의 요구를 받아들입니다. 나는 당신의 것입니다. 또 나의 가진 모든 것 역시 당신의 것입니다. 신령한 은혜로 말미암아 내 영혼이 당신에게 복종하며, 온전히 헌신할 수 있기를 원합니다.

여러분은 스스로 가지기를 원했던 구원에 대한 강하고 분명한 느낌을 가지지 못할지도 모른다. 그러나 여러분은 하나님 앞에서 자신을 낮추고 또 지금까지 자신의 고집과 자존심, 자기 노력 등을 통해서 성령을 근심하게 했다는 사실을 인정해야만 한다.

겸손한 마음으로 그 앞에 엎드리어 죄를 고백하고 마음을 찢을 뿐만 아니라 그에게 간구하지 않으면 안 된다. 그리고 여러분이 하나님 앞에 엎드릴 때 여러분의 육체 속에는 선한 것이 전혀 없으며 롬 7:18 또 다른 생명이 여러분의 심령 가운데 들어와서 여러분을 돕지 않으면 다른 방도가 전혀 없다고 가르치는 하나님의 교훈을 잘 받아들여야 한다.

여러분은 결국 자기 자신을 부인해야만 한다. 매 순

간 자신을 부인함으로써 여러분은 새로운 생명력을 얻게 되고 결과적으로 그리스도께서 여러분의 심령 가운데 들어오셔서 여러분을 소유하시게 될 것이다.

베드로가 언제 구원을 받았는가?

그리고 언제 그에게 변화의 역사가 일어났는가?

베드로가 회개의 눈물을 흘릴 때 변화가 일어났다. 바로 그때 성령이 그에게 임하였고, 그의 심령을 충만하게 채웠던 것이다.

아버지 하나님은 우리에게 성령의 능력 베푸시기를 좋아하신다. 그리고 우리는 우리의 심령 가운데 거하시는 하나님의 영을 모시고 있다. 그것을 고백하며 또 그것으로 인하여 하나님을 찬양하며, 또한 우리가 어떻게 성령을 슬프게 했다는 것을 고백하며 하나님께 나아가자. 그리고 아버지 앞에 무릎을 꿇고 성령의 능력으로 말미암아 우리의 속사람을 강건하게 해주시기를 기도하자.

그러면 하나님은 그의 놀라운 능력으로 우리를 채우실 것이고, 성령이 우리에게 그리스도를 계시해 주심에 따라 그리스도께서 우리의 심령 가운데 들어오셔서 영원토록 거하실 것이다. 그렇게 되면 우리의 이기적인 자아는 여지없이 쫓겨나고 말 것이다.

이제 우리는 겸손하게 하나님 앞에 머리를 숙이고 모든 교회의 형편을 고백하자. 땅 위에 있는 그리스도의 교회가 처한 서글픈 사정을 말로써 다 표현할 수 없을 것이다. 여러분의 이웃에 살고 있는 그리스도인들을 한 번 살펴보라. 나는 명목상의 그리스도인이나 말뿐인 그리스도인에 대해 말하는 것이 아니다. 오히려 하나님의 능력 안에서 혹은 하나님의 영광을 위해 살지 않고 있는 수백 수천의 정직하고 성실한 그리스도인들에 대해 말하는 것이다.

그들은 너무나 적은 능력, 하나님께 대한 너무나 가벼운 경건과 헌신, 그리고 그리스도인은 하나님의 뜻에 철저하게 복종하는 사람이라는 진리에 대한 너무나 얕은 생각을 가지고 있다. 우리가 우리 이웃에 살고 있는 하나님의 백성들의 잘못을 고백하고 스스로 겸비하기를 원한다.

우리들은 모두 병약한 몸에 붙어 있는 지체들이다. 그리고 우리가 하나님께 나아가 세속과 짝지어 서로 냉대하며 살던 것을 고백하며 거기서 스스로 분리하지 않으면, 또한 하나님을 위해 전적으로 완전히 포기하지 않으면, 그 몸의 질병이 우리를 방해하고 마침내 쓰러뜨릴 것이다.

얼마나 많은 일들이 육에 속한 영과 이기적인 자아의 권세 아래 수행되고 있는가?

또한 날마다 얼마나 많은 일들이 인간의 힘으로 수행되고 있는가?

다시 말해, 우리가 일을 할 때 하나님을 의지하거나,

성령님의 능력을 기다리기보다는 우리의 고집이나 생각이 끊임없이 표출되고 있다는 말이다.

우리가 이 모든 것을 고백하기 바란다. 교회의 형편과 하나님을 위해 일한다고 하면서도 너무나 미흡하기만한 우리의 입장과 우리의 죄악된 상태를 솔직하게 고백하면서 동시에 우리 자신을 살펴보기를 바란다.

자신의 이기적인 생명력을 포기해 버리기를 원하는 사람, 또 그것이 자아의 능력이고 육체의 소욕임을 정직하게 인정할 수 있는 사람은 누구인가?

그리고 그런 것들을 모두 그리스도의 발 앞에 내던질 수 있는 사람은 누구인가?

그 사람에게는 구원이 있을 것이다.

나는 열심 있는 한 그리스도인이 세상과 분리되고 죽는 것에 대한 가르침이 매우 잔인하다고 생각하면서 그것을 반박했다는 말을 들은 바 있다. 그러나 여러분은 그렇게 생각하지 않을 것이다.

그렇지 않은가?

그리스도께 죽음이란, 단지 영광에 이르는 길목에 불과했다. 그리스도는 앞에 있는 즐거움을 위해 십자가를 참으셨다. 그러므로 십자가는 그분의 영원한 영광의 출생지였다.

여러분은 그리스도를 사랑하고 있는가?

여러분은 그리스도 안에 있기를 바라면서도 그와 같

이 되기는 싫어하지 않는가?

죽음은 여러분이 세상에서 가장 사모하는 것이 되어야 한다. 즉 자기 자신에 대해서 죽고 그리스도와 교제하는 것 말이다.

여러분은 세속으로부터 완전히 분리되도록 부르심을 받은 것이 그렇게 어려운 일이라고 생각하는가?

그렇게 분리되어 하나님과 그의 사랑에 연합하는 것이 어려운 일이라고 생각하는가?

또한 그렇게 분리되어 날마다 하나님과 함께 살며 동행하도록 준비되는 것이 어려운 일이라고 생각하는가?

하지만 우리는 확실히 고백해야 한다.

"하나님과 및 그리스도와 친밀한 교제를 위해 모든 것에 대해 분리되고 죽게 하소서."

그런즉 자아 중심적인 삶과 육체의 욕심을 따라 사는 삶을 그리스도의 발 앞에 던져버리고 오직 그분만을 신뢰하기를 바란다.

그 모든 것을 이해하려는 것에 대해 염려하지 말고 그리스도께서 그의 죽음과 생명의 권세로 오실 것을 믿음으로 나아오라. 그러면 성령께서 그리스도의 전부, 즉 십자가에 죽으시고 부활하신, 그리고 지금은 영원히 살아 계신 주님을 여러분의 마음속에 모셔 들일 것이다.

제7장 우리의 생명이신 그리스도

우리 생명이신 그리스도께서 나타나실 그 때에 너희도 그와 함께
영광 중에 나타나리라 골 3:4

나는 헌신적인 삶을 살았던 많은 사람들이 나와 똑같이 느꼈을 것이라고 확신한다. 그들은 아마도 다음과 같이 기도했을 것이다.

> 오, 하나님! 우리가 그것을 이해하기에는 너무나 부족합니다. 우리가 그것에 대한 참된 의미를 알기 원한다면 당신께서 우리들을 친히 사로잡아 주시지 않으면 안되겠습니다.

그러나 우리가 이미 언급한 바와 같이 비록 온전하게 헌신하는 경험이나 능력이 단번에 오는 것은 아니지만, 우리 편에 있는 믿음을 통하여 하나님이 우리에게 허락하신 것을 얻을 수 있다는 사실이다. 그리고 경험이나 능력이 임할 때까지 우리들은 하나님 앞에서 우리의 태도를 확고하게 해두지 않으면 안 된다.

하지만 한 가지 덧붙이고 싶은 것은, 이렇게 온전히 헌신하는 삶을 유지하기 위해서는 그리스도께서 새로운 능력으로 우리의 생명 가운데 들어오셔야만 한다는 사실이다. 우리가 하나님께 가까이 나아갈 수 있는 것은 그리스도 안에서만 가능한 일이며 또 하나님께서 우리들에게 가까이 오시는 것도 오직 그리스도 안에서만 가능한 사건이다.

우리는 우리의 생명이신 그리스도를 우리 심령 가운

데 모셔 들일 필요가 있다. 우리가 마땅히 빌 것은 다른 사람의 심령 가운데 역사하고 계신 하나님께서 역시 우리들의 심령 가운데서도 역사해 주시도록 간구하는 일이다. 우리들은 하나님께서 그리스도를 우리에게 나타내심으로 나를 사로잡으시고, 더 나아가서 그가 우리의 간구와 생각을 지배하시도록, 그로 인해 우리를 통하여 그가 친히 역사하실 수 있도록 하지 않으면 안 된다.

나는 "우리의 생명이신 그리스도"라는 이 큰 진리를 설명하기 위해 네 개의 간단한 항목을 설정함으로써 나의 생각을 정리하려고 한다.

첫째, 우리의 모범이신 그리스도,
둘째, 우리의 화해자이신 그리스도,
셋째, 우리의 구세주이신 그리스도,
넷째, 우리의 능력과 생명이 되신 그리스도이시다.

1. 우리의 모범이신 그리스도

그리스도께서 우리의 생명이 되시기를 원한다면 우리는 그리스도를 우리의 모범으로 바라보아야만 한다. 그리스도를 '나의 생명'이라고 말할 때 그것이 막연하고 무한한 그 무엇이 아니라 내가 분명히 알아야만 될 사실이라는 점이다.

생명이란 그 자체가 항상 동적이며 행동하는 성향이 있다. 그러므로 그리스도께서 내 속에 들어오셔서 나의 생명이 되신다 함은 그것이 내 심령 가운데 숨겨진 그 무엇일 뿐만 아니라 내 존재 가운데 매 순간, 그리고 모든 행동에서 증명될 수 있는 그 무엇이라고 말할 수 있다. 그리고 혹시 그리스도의 생명을 가지고 있을 때 나의 감정과 입술의 말과 행동, 습관이 어떻게 나타날 것인가를 확인해 보고 싶다면, 나는 이 땅 위에 계셨던 예수 그리스도의 생활을 더듬어 살펴보고 비교해 봄으로써 그것을 확인할 수 있다고 믿는다.

하나님의 아들이신 예수 그리스도의 생활과 행적을 연구해 볼 때, 하나님께서 그리스도를 하늘로 데려가시기 전에 그분으로 하여금 이 땅에서 살도록 하셨다는 사실을 생각하지 않을 수 없다. 그리스도의 생활을 살펴보는 가운데 나는 마치 한 폭의 그림과 계시를 보는 듯했으며, 또 하나님께서 나로 하여금 어떤 인물이 되기를 원하시며 그가 현재 나를 어떤 인물로 만들기를 바라고 계시는가에 대한 빛을 볼 수 있었다. 그것은 유일한 빛일 뿐만 아니라 또한 가장 중요한 빛이다.

그리고 그리스도를 바라볼 때 발견할 수 있는 것이 무엇인가?

우리는 앞에서 하나님께 드리는 우리의 온전한 헌신에 대해서 생각해 보았다. 그것이 그리스도의 생명이 가져다주는 바탕이다. 그분은 하나님의 보내심을 받아 인간의 몸을 입고 이땅에 오셨다. 그분은 다름 아닌 하나님의 뜻을 수행할 수 있는 인간으로 오셨으며 자기의 뜻은 전혀 수행하지 않을 사람으로 오셨다. 그분은 날마다 하나님만 의지했으며, 하나님을 가르치기 위해 하나님께 수종을 들었고 말씀하실 때에나 행동하실 때에도 여전히 하나님을 통하여 말씀하시고 행동하셨다.

> 내가 아무 것도 스스로 할 수 없노라 요 5:30

그분은 참으로 하나님께 온전히 헌신하는 삶을 사셨다. 하나님의 뜻, 하나님의 영광, 하나님의 나라…, 그분은 바로 이것을 위해 살다가 또 이것을 위해 죽으셨다. 많은 그리스도인들이 하는 것처럼, 어느 때에는 갈등 가운데 빠져 그것을 저버리고 오히려 세속적인 것으로부터 안식을 찾느라고 하나님과의 관계를 망각해 버리는 그런 삶은 결코 살지 않으셨다.

종교란 하나의 긴장과 짐, 그리고 의무에 불과하다고 생각하는 사람들이 있다. 약간의 휴식을 취하고 긴장을 떨쳐버릴 수만 있다면 그것이야말로 참으로 좋은 것이라고 그들은 생각한다.

그러나 그리스도에게는 하나님만이 그분의 기쁨이었고 생명의 원천이었다. 하나님 안에 살며, 하나님을 위해 사는 삶이야말로 그분의 즐거움이요 힘이었다. 다시 말하면 하나님의 뜻을 이루는 것이 바로 그분의 음식이요, 휴식이며 생명력이 되었다는 사실이다.

하나님은 안타까운 심정으로 이렇게 간구하는 자에게 찾아오신다.

> 나의 하나님이여! 나는 온전하게 헌신하는 삶을 살겠다고 서약했습니다. 아버지께서도 그것을 알고 계십니다. 내가 두렵고 떨리는 심정으로, 솔직하고 정직한 마음으로 서약한 것이 사실이지만 나의 하나님이여! 아직도 그것에 대한 참 뜻을 이해할 수 없습니다.
> 그것이 무엇을 뜻하며 또 어떻게 하면 내가 그런 삶을 살 수 있습니까?

이에 아버지께서는 사랑하는 아들을 가리켜 분명히 말씀하신다.

> 이는 내 사랑하는 아들이요 내 기뻐하는 자니 너희는 그의 말을 들어라 마 17:5

우리는 기도함으로 말미암아 우리의 마음을 하나님께 드려야 한다. 왜냐하면 그는 우리가 그리스도의 생명을 법으로 삼아 우리의 생명을 인도하시도록 하는지, 혹은 그렇지 않은지를 탐색하여 알아내실 수 있는 분이기 때문이다. 나는 다음과 같은 사실을 단지 인식하는 것에 대해 말하고 있는 것이 아니라 오히려 그것을 구체적으로 고백할 수 있느냐에 대해서 언급하고 있는 것이다.

> 아, 그것은 얼마나 복된 일인가! 이것이야말로 내가 간절히 원하는 것이며 또한 이것을 위해서 하나님을 섬기는 것이 아닌가! 나는 하나님을 위해 그리스도께서 사셨던 방법으로 살기를 원한다.

그것은 아마도 너무 고상하고, 건방진 소리로 들릴지 모른다. 그러나 그리스도께서 종종 "내가 너희를 사랑한 것 같이 너희도 서로 사랑하라" 요 15:12, "내가 아버지의 계명을 지켜 그의 사랑 안에 거하는 것 같이 너희도 내 계명을 지키면 내 사랑 안에 거하리라" 요 15:10 고 말씀하셨을 때 그분은 과연 무엇을 의미하셨는가?

또 성령께서 다음과 같이 말씀하실 때 그는 무엇을 뜻했는가?

> 너희 안에 이 마음을 품으라 곧 그리스도 예수의 마음이니 그는 근본 하나님의 본체시나 하나님과 동등됨을 취할 것으로 여기지 아니하시고 오히려 자기를 비워 종의 형체를 가지사 사람들과 같이 되셨고 사람의 모양으로 나타나

사 자기를 낮추시고 죽기까지 복종하셨으니 곧 십자가에 죽으심이라 빌 2:5-8

그리스도의 마음이 바로 나의 마음과 성품과 생명이 되어야만 한다.

하늘로서 그리스도께서 내려주시는 영생을 얻고자 하는 사람은 많지만 그리스도께서 이 땅에 계실 때 살았던 삶의 방법대로 살기를 원하는 사람들은 심히도 적은 현실이다. 또 그것을 글로써 서술하는 그리스도인은 많지만 자기 자신은 조금도 그리스도를 본받거나 따르려는 생각을 하지 못하며 그리스도에게 가까이 나아가려고 힘쓰지 못하고 있는 실정이다.

그러나 여러분이 과거에 한 번이라도 "내 마음은 이미 하나님께 온전히 헌신하기를 결심했다"라고 고백한 사실이 있다면 지금 당장 하나님 앞에 나와서 그리스도의 생명이 나의 생명이 되기를 원한다고 다시 한번 고백할 수 있기를 바란다.

2. 우리의 화해자이신 그리스도

그리스도가 우리의 생명이라는 말이 무엇을 의미하는지 알고 싶어한다면 우리는 그리스도와 그분의 사역을 우리의 모범으로 바라볼 수 있어야 할 뿐만 아니라 또한 그리스도를 우리의 화해자로 믿을 수 있어야 한다.

그분의 생활을 통해서 그리스도는 우리가 마땅히 걸어가야 될 길을 준비해 두셨습니다. 그리고 그분은 우리들이 마땅히 따라가야 될 발자국을 모범으로 남겨두셨다. 다시 말하면 우리들이 영생을 향하여 행군해 나아갈 길을 표시해 두었다는 말이다.

그러나 그것만을 가지고서는 충분하지 못하다. 왜냐하면 우리들이 걸어가고 있는 길은 죄와 저주, 그리고 사망에 의해서 가로막힐 때가 있기 때문이다. 그러므로 그리스도는 그 복된 길을 마련하시고 또 표시해 둔 다음에 친히 고통받는 자리에 내려가사 갈보리 언덕에서 죽으심으로 자신의 뜻을 하나님께 순종하되 죽기까지 하신 것이다. 주께서 우리의 죄와 저주를 담당하시고, 우리의 평화를 위해 징계를 받으셨을 뿐만 아니라 우리의 질고를 위해 채찍도 받으셨던 것이다.

그분은 보배로운 피, 곧 영원하신 언약의 피를 흘리심으로 말미암아 우리들이 하나님 앞에 나아갈 수 있는 길을 열어두셨다. 그리고 지금은 그리스도께서 우리의 대제사장으로, 영존하시는 구세주로 우리의 심령 가운데 거룩하신 화해의 능력을 제공하고 계시다.

또한 우리가 자신을 바치려는 생각이 떠오를 때, 그리고 우리가 회개하고 그리스도를 영접하기 전에는 죄인이요 범법자였으며 본래 헐뜯기를 잘하던 내가 어떻게 하나님과 날마다 실질적인 교제를 나눌 수 있을까 하고 자신을 바라보며 더듬어 살필 때, 우리는 예수의 피로써 하나님께 가까이 나왔으며 예수의 보혈로써 담대함을 얻었으니 그분에게 나아갈 수 있다는 대답을 들을 수 있을 것이다.

여러분은 스스로 너무 무가치하다고 생각되기 때문에 그 큰 헌신, 즉 온전한 헌신을 두려워하고 있는가?

그러나 여러분의 가치가 여러분 자신 안에, 헌신하는 강도가 여러분의 정직성에 달려 있다고 생각해서는 안 된다. 오히려 여러분의 가치는 예수 그리스도 안에 있다.

우리는 하나님의 말씀 가운데서 "예물을 거룩케 하는 제단"에 관한 말씀을 읽을 수 있으며 그리스도께서 제사장임과 동시에 제물, 즉 죽임을 당한 어린양이라는 사실뿐만 아니라 살아 계신 그리스도 자신이 바로 그 제단이심을 깨달을 수 있을 것이다. 7일 동안 그 제단은 7번의 피를 뿌림으로 말미암아 거룩하게 보존된 후에 하나님은 그 제단이 가장 거룩하다고 선언하신다. 그리고 제단에 닿는 것은 무엇이나 거룩하게 된다. 신약성경에서도 우리는 제단이 예물을 거룩케 한다는 사실을 배울 수 있다. 그리스도께서 우리의 제단이 되신다.

'내가 이렇게 연약함에도 불구하고 하나님께서 나를 받아주실까' 걱정하면서 의문을 제기할지 모른다. 그러나 하나님의 자녀여, 여러분은 두려워할 필요가 없다. 여러분은 오직 살아 계신 제단이요, 영원하신 화해자이신 예수 그리스도를 의지하기만 하면 된다. 그분이 여러분으로 하여금 매 순간 하나님께서 받으시기에 합당하도록 하시며 안식을 누리도록 만들어 주실 것이다.

정직한 생각과 믿음을 가지고 그분을 섬기기를 바란다. 내가 아무리 무가치하고 무기력하다 할지라도 예물이 제단에서 거룩케 됨같이 예수님 안에서 그리고 그분을 섬김으로써 하나님은 나의 약함을 용납하시고 나는 그가 보시기에 기뻐하심을 입게 될 것이다.

위로받기 위한 교리로서 그리고 개종하지 못한 사람들에게 충만하고도 즉각적인 용서를 선언하는 구원으로서뿐만 아니라 하나님께 계속적으로 나아갈 수 있는 능력으로서 이 진리를 보전하기를 힘쓰기 바란다.

> 그가 빛 가운데 계신 것 같이 우리도 빛 가운데 행하면 우리가 서로 사귐이 있고 그 아들 예수의 피가 우리를 모든 죄에서 깨끗하게 하실 것이요 요일 1:7

아버지의 마음을 향하여 매 순간 문이 열릴 수 있는 것은 그리스도 안에서만 가능한 일이다. 다시 말하면 매 순간 위로부터 하나님의 생명이 당신과 나의 심령 가운데로 흘러들 수 있는 것은 오직 하나님의 복된 어린양의 보혈을 통해서만 가능하다.

3. 우리의 구세주이신 그리스도

그리스도는 나의 모범과 화해자가 되실 뿐만 아니라 죄로부터 나를 구원하신 구세주요 친구이며 지도자와 인도자가 되신다는 사실이다.

그렇다. 그것이 바로 자비하신 주께서 승천하시기 직전에 남기신 고귀한 약속의 말씀이다.

> 볼지어다 내가 세상 끝날까지 너희와 항상 함께 있으리라 마 28:20

이것보다 훨씬 먼저 주님은 "두세 사람이 내 이름으로 모인 곳에는 나도 그들 중에 있느니라" 마 28:20 고 말씀하셨지만 제자들은 그분의 말씀을 이해하지 못했다.

우리는 예수 그리스도가 세상에 있는 우리들의 가장 친한 친구들보다 더욱 가까이 계신 분임을 깨달을 필요가 있다. 만일 우리가 이 세상으로부터 눈과 마음을 돌린다면, 다시 말해서 우리 주위에 있는 모든 사랑하는 얼굴들과 친구들, 그리고 우리들의 마음을 끄는 즐거움 같은 것들로부터 눈을 돌려 사랑하는 마음과 겸손하고 믿는 마음으로 예수님의 얼굴과 예수님의 사랑, 그리고 예수님의 기쁨에 우리의 초점을 맞출 수 있다면, 주님이 자신을 우리에게 밝히 나타내심으로 말미암아 우리들의 심령은 예수님께서 우리와 함께하신다는 생각으로 충만하게 채워질 수 있을 것이다.

예를 들어 우리는 아버지가 가정에 대해서 얼마나 깊은 관심을 가지고 있는가를 생각해 볼 수 있다. 그는 매일 아침 일어나면서 '내게는 사랑하는 자식들과 아내가 있는 가정이 있다. 그리고 우리는 아침 식탁에 함께 모이게 될 것이다'라는 생각을 안 하는 날이 없을 것이다. 어느 한 순간만 그런 생각을 하는 것이 아니라 그의 마음속이 그런 생각으로 항상 가득하다 할지라도 그것은 매우 당연한 일이다.

그리스도께서 세상에서 여러분이 가장 사랑하는 동료보다 더 가까이, 더 분명하게, 그리고 더 사랑스럽게 여러분에게 나타나시는 일이 가능하겠는가?

그리스도께서 이 일을 가능케 하실 것이다. 또한 그분이 이것을 원하고 계신 것도 사실이다. 그리스도는 우리가 마땅히 그분으로 하여금 이 일을 하시도록 허용하기에 합당하신 분이다.

예수 그리스도는 여러분과 더불어 함께 살며, 여러분과 동행함으로 친히 여러분을 위해 이와 같은 복된 사역을 수행하기를 원하신다. 또 그분은 여러분의 친구가 되심으로 여러분이 결코 외롭지 않기를 바라고 계신다.

여러분이 시련과 어려움을 당할지라도, 불 가운데로 통과하든지 아니면 물을 건널지라도, 여러분은 결코 실패하지 않을 것이다. 만일 여러분이 실패한다면 "내가 너와 함께 있으리라"고 하신 여호와의 약속이 예수 그리스도 안에 있는 여러분에게서 성취되지 못할 것이기 때문이다.

여러분은 더 이상 죄나 유혹과 더불어 싸울 필요도 없으며 여러분 자신이 어떤 존재인가를 생각함에 있어서 여러분을 약하게 만드는 나약함도 더 이상 없을 것이다. 왜냐하면 매 순간 여러분 곁에 계시면서 여러분을 인도하시는 예수 그리스도께서 여러분이 마땅히 걸어야 할 길을 보여주시기 때문이다.

친구 되신 그리스도께서 임재하심으로 여러분을 위로할 뿐만 아니라 여러분의 마음에 기쁨을 주시고, 죄로부터 우리를 해방하신 구세주 되신 예수 그리스도께서 그분의 전능하신 능력으로 여러분을 돌보시며 여러분의 심령 가운데 하나님의 선하시고 좋으신 것으로 역사하시기 때문이다.

온전히 헌신하는 삶은 바로 우리가 예수 그리스도 안에서 살 수 있는 삶일 뿐만 아니라 그리스도 자신이 친히 우리를 염려하시며 돌보시기 때문에 가능한 삶이기도 하다.

4. 우리의 생명과 능력이신 그리스도

그리스도는 우리의 생명과 능력이 되신다. 이것은 가장 고귀한 일이다. 그럼에도 불구하고 젊은 회심자들은 일반적으로 그것에 대한 이해가 부족한 것 같다.

많은 그리스도인들이 그리스도께서 자기를 인도하시고 돕는 분이심을 오랫동안 경험해 온 것이 사실이지만 그 이상의 어떤 다른 의미는 결코 깨닫지 못하는 것 같다. 말하자면 그리스도께서 내 안에 계시며, 그분이 바로 나의 생명과 나의 능력이 되심을 인식하지 못하고 있다는 말이다.

하지만 그것은 사도 바울이 우리들에게 말하고 있는 그 위대한 복음의 신비, 즉 우리들에게 여러 해 동안 그리고 여러 세대 동안 숨겨져 왔던 바로 그 신비이다. 그러나 그 신비가 이제는 밝히 드러났다. 사도 바울이 말한 하나님의 백성들의 신비란 '신비와 영광의 부요함이 바로 여러분 속에 계신 그리스도'라는 사실이다.

하늘에 계신 우리 아버지의 영광과 부요함이 그 신비 속에서 우리에게 계시되었다. 다시 말하자면 하나님은 그의 아들 그리스도께서 여러분의 심령 속에 내주하시기를 원하신다.

우리에게 즉시 그런 일이 있을 수 있는가?

축복의 서막에 불과한 작은 복을 간구하기보다는 차

라리 우리의 모든 생명을 활짝 열어놓고 그리스도께서 우리의 심령 가운데 들어오셔서 내주하시며, 예수 그리스도의 능력으로 말미암아 우리를 다스리고 거룩케 하시도록 해야만 할 것이다. 그리스도는 하나님의 능력이 되시기에 우리가 더욱 그를 원하되 그리스도의 전체, 즉 성령께서 우리의 심령 가운데 계시해 주시는 그리스도를 소원해야 할 것이다. 그때에야 비로소 하나님의 능력이 우리 안에서 그리고 우리를 통해서 역사하실 것이기 때문이다.

세례 요한은 불과 성령으로 세례를 베풀어 주실 그리스도를 증거했다. 만일 성령의 능력이 여러분의 생명 가운데서 또한 여러분의 교회와 이방세계에서 충만하게 나타나기를 원한다면, 그리스도께 가까이 나아가 그분과 더불어 친밀한 교제를 나누라. 그러면 그리스도인의 심령 속에 거하시는 그리스도께서 더욱 확실하게 나타나실 것이다. 그때 축복이 반드시 찾아올 것이다.

예수께서 한번은 "나를 믿는 자는 성경에 이름과 같이 그 배에서 생수의 강이 흘러나오리라"요 7:38 고 말씀하시지 않았는가?

그리스도께서 우리의 심령 가운데 오셔서 내주하시고, 친히 성령으로 차고 넘치도록 할 샘물이 되실 수 있다는 것이 우리의 믿음이 아니고 무엇이겠는가?

요한계시록 마지막 장에서 우리는 다음과 같이 읽을 수 있다.

그가 수정 같이 맑은 생명수의 강을 내게 보이니 하나님과 및 어린 양의 보좌로부터 나와서 계 22:1

여러분과 나를 생명수 샘물로 인도하사 우리의 심령을 충만하게 채워주시고, 이성의 힘이나 인간적인 사랑, 정열, 열심, 그리고 근면의 힘으로서가 아니라 하나님께로부터 나오는 능력으로 역사하도록 하실 수 있는 분이 바로 그 어린양 예수 그리스도시다.

여러분은 그 능력을 받을 준비가 되어 있는가?

하나님께 온전히 헌신함으로써 그것을 받을 준비가 되어 있는가?

다시 말하면 다음과 같이 고백할 수 있어야 한다.

주님! 비록 약하고 두려워 떨리지만 나는 나의 모든 것을 당신께 드리기로 결심합니다. 지금까지 나는 하나님이 내게 주실 수 있는 축복 가운데 너무나 적은 것을 받았습니다. 그래서 이제는 깨끗하고 겸손한 빈 그릇이 되어 날마다 그리고 매 순간 당신의 발 앞에 엎드려 나의 하나님을 섬기기로 결심합니다.

귀가 있어도 듣지 못하며 눈이 있어도 보지 못하는, 그리고 결코 생각할 능력도 없고 지금까지 한 번도 생각해 본 경험이 없는 하나님의 자녀들이여, 하나님은 분명히 하나님을 기다리고 사랑하는 자들을 위해 역사하실 것이다.

하나님께로부터 많은 것을 기대하며, 하나님과 더불어 긴밀한 교제를 나누기 원하는가?

어떻게 하면 그런 일이 가능하겠는가?

예수 그리스도께서 여러분을 위해 그 일을 해주실 것이다. 그리스도는 우리의 생명이 되시기 때문이다. 그분이 과거에 이 땅에 사셨던 것과 똑같은 삶을 여러분의 심령 가운데서 사실 것이다.

그분의 풍성하신 약속에 따라 주께서 친히 그 일을 해주실 것을 기대하라. 그리고 모든 죄와 장애물, 근시안적인 모든 생각과 자기 증오를 유발시키는 모든 것을 그분의 발 앞에 던져버리라. 오직 그분의 보혈만이 여러분을 깨끗하게 하실 수 있고, 예수께서 여러분에게 구원을 선물로 주실 수 있다는 사실을 믿을 수 있기 바란다.

하나님께서 친히 성령의 능력으로 말미암아 우리 가운데 그리스도를 계시해 주실 것으로 믿고 기다리면 우리는 분명히 그것을 얻게 될 것이다.

제8장 성령의 열매는 사랑이다

오직 성령의 열매는 사랑과 희락과… 갈 5:22

하나님께서 축복해 주시지 않는 가장 큰 이유 가운데 하나가 바로 사랑의 결핍이다. 몸이 서로 분리되면 힘을 발휘할 수 없다. 언젠가 큰 종교전쟁이 일어났을 때 스페인과 당당히 맞섰던 네델란드 사람들의 표어 가운데 하나가 바로 "뭉치면 강하다"Unity gives strength 는 것이다.

마찬가지로 하나님의 백성들도 하나로 뭉쳐야 한다. 하나님 앞에서는 사랑의 교제로, 이웃 앞에서는 깊은 애정으로, 세상이 볼 수 있는 사랑으로 하나가 되어야한다. 그렇게 될 때 그들이 하나님께 간구하는 모든 축복을 받을 수 있는 능력을 얻게 될 것이다. 만일 그릇이 여러 조각으로 깨져버렸다면 그것으로는 아무것도 담을 수 없다. 그릇의 일부분에 불과한 한 조각으로는 지극히 작은 분량의 물을 담을 수밖에 없다.

많은 물을 담기 위해서는 깨어지지 않은 온전한 그릇이 필요하지 않겠는가?

그리스도의 교회도 마찬가지이다.

우리가 시급히 하나님께 드려야 할 기도가 있다면 다음과 같은 기도일 것이다.

> 주여! 성령의 능력으로 우리가 하나가 되게 하시옵소서. 오순절에 그들을 한 마음, 한 뜻이 되게 하신 성령께서 우리들에게도 같은 축복으로 역사하여 주시옵소서. 하나님의 사랑 안에서 우리가 서로 사랑할 수 있는 것은 성령

의 열매가 바로 사랑이기 때문임을 믿고 하나님을 찬양합니다.

사랑을 위해 자신을 온전히 바칠 때 성령께서 반드시 찾아주실 것이고, 또 성령이 임하시면 그가 여러분에게 더욱 사랑하도록 권고하실 것이다.

1. 하나님은 사랑이시다

그러면 왜 성령의 열매가 사랑인가?

그것은 하나님이 사랑이시기 때문이다(요일 4:8)

그것은 무엇을 뜻하는가?

자신을 나타내시기를 기뻐하심이 곧 하나님의 속성이고 본질이다. 하나님은 이기심이 없는 분이시다. 그는 자기 자신을 위해 아무것도 남겨두지 않으셨다. 하나님은 본성상 항상 베푸시기를 좋아하신다. 해와 달과 별들, 들에 핀 꽃들과 공중의 새들, 그리고 바다의 물고기들을 통해서 여러분은 그것을 능히 짐작할 수 있다.

그리고 그의 보좌에 둘려 있는 천사들, 곧 화염으로 둘러싸인 스랍과 그룹들이 가지고 있는 영광은 과연 어디로부터 나온 것일까?

아마도 하나님이 사랑이시므로 그가 자신의 영화와 축

복을 그들에게 나누어 주셨기 때문일 것이다.

하나님은 그의 구속받은 자녀들인 우리에게도 역시 자신의 사랑을 쏟아부어 주시기를 기뻐하신다. 창세 전부터 하나님은 독생하신 아들과 함께 계셨는데, 그는 모든 것을 아들에게 주셨으며 주지 않은 것은 아무것도 없다. 하나님은 사랑이시기 때문이다.

교회의 한 교부는 삼위일체를 이해함에 있어서 하나님의 사랑의 계시야말로 가장 훌륭한 설명이라고 말한 바 있다. 성부는 사랑을 주시는 분으로서 사랑의 원천과 같고, 성자는 사랑을 받으시는 분으로서 그것을 쏟아부어 주실 수 있는 사랑의 저수지와 같으며, 또 성령은 아버지와 아들의 사랑을 연합하여 이 세상으로 공급해 주시는 생명력 있는 사랑과 같다는 것이다.

오순절에 임했던 성령이나 아버지의 영, 또 아들의 영은 모두 사랑의 영이라고 볼 수 있다.

그렇다면 성령께서 하나님 안에 계실 때보다 사람들에게 임하실 때 사랑이 약해질 수 있다는 말인가?

그렇지 않을 것이다. 그는 본질적으로 변함이 없으신 분이시다. 하나님의 영은 사랑이며 또한 성령의 열매도 사랑이다.

2. 사람에게는 사랑이 필요하다

왜 그런가?

그것은 사람에게 가장 필요한 것이자 그리스도께서 완성하신 일이기 때문이다. 말하자면 그리스도께서 세상을 위해 사랑을 회복하셨다는 말이다.

인간이 범죄할 때 무엇 때문에 그것이 죄가 되는가?

이기심이 승리를 했기 때문이다. 다시 말해서 하나님 대신에 자기를 내세웠다는 말이다.

좀 더 깊이 생각해 보자. 아담은 처음부터 여자가 자기를 꾀었다고 책임을 전가해 버렸다. 하나님께 대한 사랑이 깨어지자 곧 사람에 대한 사랑도 파괴되어 버리고 말았다. 또다시 주목해 보자. 아담의 두 아들 가운데 하나가 자기 동생을 죽였다.

그것은 우리들에게 죄가 세상에서 사랑을 빼앗아 버렸음을 가르쳐 준다고 생각하지 않는가?

세계 역사는 사랑을 잃어버렸다는 증거를 보여준다. 이방인들 가운데도 아름다운 사랑의 본보기들이 있을 수 있지만 그것은 잃어버린 사랑의 조각들일 뿐이다. 죄가 사람에게 행한 가장 나쁜 일 중에 하나는 사람을 이기적으로 만들었다는 것이다. 왜냐하면 이기적인 사람은 사랑할 수 없기 때문이다.

그런데 주 예수 그리스도께서 하나님의 사랑의 아들

로서 하늘로부터 이 땅에 오셨다.

> 하나님이 세상을 이처럼 사랑하사 독생자를 주셨으니 이는 그를 믿는 자마다 멸망하지 않고 영생을 얻게 하려 하심이라 요 3:16

하나님의 아들이 이 땅에 오신 것은 사랑이 무엇인가를 보여주기 위함이었다. 그분은 이 땅에서 제자들과 더불어 깊은 교제를 나누며 사랑의 삶을 사셨다. 그리고 그분은 가난한 자들과 비참한 자들에게 동정을 아끼지 않으셨고 심지어 원수까지 사랑하셨다. 그리고 결국 사랑의 죽음을 죽으셨다.

또 그분이 하늘로 승천하실 때 자기 대신에 누구를 보내주셨는가?

사랑의 영이시다. 사랑의 영은 이기심과 질투와 교만을 추방하고 사람들의 심령 가운데 하나님의 사랑을 가져다주신다. 성령의 열매는 사랑이다.

그러면 예수께서는 성령을 보내주시겠다는 약속을 어떻게 준비하셨는가?

여러분은 그 약속을 요한복음 14장에서 발견할 수 있을 것이다. 하지만 그보다 먼저 13장에 있는 말씀을 기억해야 한다. 그리스도께서 성령을 보내주시겠다는 약속을 하시기 전에 그분은 새 계명을 주셨고 그분에 관한 놀라운 사실들을 말씀해 주셨다. 그중에 하나가 바로 "내가 너희를 사랑한 것 같이 너희도 서로 사랑하라"는 말씀이다.

그리스도의 속죄적 사랑은 그들에게 있어서 행동의 유일한 법칙이요, 또한 상호 교제의 율법이 되었다. "내가 너희를 사랑한 것 같이 너희도 서로 사랑하라"고 하신 주님의 말씀은 교만과 이기심으로 가득 차 있던 그 어부들에게 얼마나 도전적인 메시지였을까!

그런데 하나님의 은혜로 말미암아 그들은 그 일을 해냈다. 오순절이 다가왔을 때 그들은 한 마음, 한 뜻을 품게 되었다. 그리스도께서 그들을 위해 역사하신 것이다.

그리고 지금 그리스도는 우리에게 사랑하게 거하고 행하라고 요청하신다. 사람이 당신을 미워하더라도 여전히 그를 사랑하라고 요구하신다. 하늘과 땅의 어떤 것도 참된 사랑을 이길 수 없다. 더 많은 미움이 있을수록, 더 큰 사랑은 그것을 이기고 자랑한다. 이것이 그리스도께서 제자들에게 행하라고 명하신 사랑이다.

그 다음에 주님은 무엇이라고 더 말씀하셨는가?

> 너희가 서로 사랑하면 이로써 모든 사람이 너희가 내 제자인 줄 알리라 요 13:35

사실상 그리스도는 제자들에게 다음과 같이 말씀하신 것이다.

> 내가 너희에게 표시를 주노니 이 표시는 바로 사랑이다. 그것이 너희의 증표가 되리라. 사랑은 하늘과 땅에서 사람들이 나를 알 수 있는 유일한 증거이니라.

하지만 그 사랑이 세상으로부터 달아나 버리지나 않았는지 걱정되지 않는가?

만일 우리가 세상을 향하여, "우리가 사랑의 표시를 달고 다녔는데 보지 못했습니까?"라고 묻는다면 세상은 아마도 다음과 같이 대답할 것이다.

"아니요. 우리가 그리스도의 교회에 대해 들은 것은 싸움과 분리가 없는 곳은 세상에 없다라는 것입니다."

우리들이 예수 사랑의 표시를 달고 다닐 수 있도록 한마음으로 기도하자. 하나님만이 그것을 주실 수 있다.

3. 사랑은 이기심을 이긴다

성령의 열매는 사랑이다.

왜 그런가?

우리들의 이기심을 추방하고 정복할 수 있는 것은 사

랑 외에 아무것도 없기 때문이다. 이기심이란 항상 하나님과의 관계에 있어서나 동료와 같은 그리스도인들과의 관계에 있어서 오직 자신만을 생각하고 또 자신의 유익만을 추구하게 만드는 큰 저주의 역할을 한다. 그러나 하나님께 감사할 것은 그리스도께서 오셔서 우리를 이기심으로부터 구원해 주셨다는 사실이다.

우리들은 때때로 이기적인 삶으로부터 우리를 구원해 주신 은혜를 이야기하면서 소용이 될 만한 모든 말을 동원하여 하나님을 찬송하기도 한다. 그러나 이기적인 생활로부터의 구원이 바로 하나님을 섬기는 것에 있어 전혀 갈등을 느끼지 않는 것을 의미한다고 생각하는 사람들이 우려스럽다. 그들은 이기적인 생활로부터의 구원이 날마다 모든 사람을 향한 사랑으로 넘쳐흐르는 그릇이 되는 것이라는 의미를 망각하고 있다.

많은 사람들이 성령의 능력을 간구하지만 큰 능력을 받지 못하는 이유를 여러분은 잘 알고 있을 것이다. 그들이 성령의 능력을 간구하는 것은, 일을 위해서 혹은 축복을 위해서이지 결코 이기심으로부터 온전한 구원을 위해서 구하지 않기 때문이다.

이기심이란 하나님 앞에서 자신의 의로움을 나타내고 또 사람에게는 사랑을 베풀줄 모르는 태도를 말한다. 그러나 이기심에서 벗어날 방도는 있다. 성령의 열매가 사랑이라는 점이다. 그리스도의 영광스러운 약속의 말씀이 있다. 그리스도는 분명히 우리의 심령 가운데 사랑으로 채워주실 수 있는 분이다.

우리들 가운데 대부분은 때때로 사랑해 보려고 노력한 적이 많이 있을 것이다. 억지로라도 사랑하려고 시도했을 것이다. 물론 그것이 잘못이라고는 말할 수 없다. 전혀 노력하지 않는 것보다는 훨씬 낫기 때문이다. 그러나 결과가 항상 미흡했다는 사실이다. 계속해서 실패하고 말았던 것을 솔직하게 고백할 수밖에 없을 것이다.

실패의 이유는 매우 간단한다. 그들은 성령께서 하나님의 사랑을 그들의 심령 가운데 부어주실 수 있다는 사실을 믿지도 받아들이지도 않았기 때문이다.

그 복된 말씀이 얼마나 자주 제한을 받아왔는가?

"하나님의 사랑이 우리 마음에 부은 바 됨이니" 롬 5:5 라는 말씀은 하나님의 사랑이 나에게도 임하였음을 함축한다.

그럼에도 불구하고 그 말씀은 얼마나 많은 제한을 받아왔는가!

그것은 시작에 불과하다. 하나님의 사랑은 항상 내재적인 능력으로, 영원하고 충만한 사랑을 의미한다. 또 나로 하여금 사랑으로 하나님을 섬기고, 사랑으로 동료를 충만케 할 수 있는 거룩한 사랑을 뜻한다. 다시 말해서 나에게 베풀어 주신 하나님의 사랑은 하나님과 동료 인간을 사랑하게끔 역사하는 사랑이다. 셋이 하나가 되어야 한다. 여러분은 그것을 떼어놓을 수 없다. 하나님의 사랑이 여러분과 내 심령 속에 차고 넘칠 때 우리가 언제나 사랑할 수 있다는 것을 믿기 바란다.

잘 이해되지 않는다고 말할지도 모르겠다. 다음의 예를 들어보자.

그러면 어린양은 왜 항상 온순한가?

그 천성이 그렇기 때문이다.

어린양이 온순해지는 데 어떤 대가가 필요한가?

그렇지 않다.

왜 그런가?

처음부터 성품이 아름답고 온순하기 때문이다.

어떤 교육을 받아 그렇게 온순하게 되었는가?

아니다.

그렇다면 어떻게 그렇게 조용한 성품이 되었나?

그것이 어린양의 타고난 성품이기 때문이다.

늑대를 생각해 보자.

잔인하게 되라고 어떤 압력을 가하지 않았는데도 늑대는 날카로운 이빨로 어린양이나 산양을 물어뜯지 않는가?

그것이 바로 늑대의 본성이다. 꼭 용기를 내서가 아니라 그것이 늑대의 타고난 성품이기 때문이다.

그러면 우리가 어떻게 사랑을 배울 수 있습니까?

하나님의 영이 그의 사랑을 우리 마음속에 채워주심

으로 말미암아 우리가 과거에 가졌던 자신의 안락과 기쁨 그리고 행복과 쾌락 같은 이기적인 욕구와 전혀 다른 차원에서 하나님의 사랑을 갈망하지 않는 한 그것은 불가능하다.

또 우리가 "하나님은 사랑이라"는 사실을 고백하고 자신을 희생할 수 있는 내재적인 능력을 받지않는 한 그것은 역시 불가능하다. 그리고 하나님과 그리스도를 본받아 내게 있는 모든 것, 즉 나의 영광과 나의 축복을 동료들을 위해 포기하지 않는 한 하나님의 사랑을 배울 수 없다.

그러므로 하나님께서 우리들을 교훈해 주시기를 바란다. 그리고 성령께서 하나님의 사랑을 우리 마음속에 채워주실 수 있음을 믿기 바란다. 성령의 열매는 사랑이다.

4. 사랑은 하나님의 선물이다

또다시 묻고 싶다.

왜 이것이 반드시 그래야 하는가?

왜냐하면 이것 없이는 우리가 날마다 사랑의 삶을 살아갈 수 없기 때문이다. 헌신적인 삶을 이야기할 때 우리는 종종 성품에 관해 말하며, 어떤 사람들이 "당신은 성질이 너무 급하군요"라고 말해 온 것이 사실이다. 하지만 자신의 힘으로 성품을 완전히 바꿀 수 있다고는 생각하지 않는다.

여러분은 시계 바늘이 주는 의미를 깨달을 수 있을 것이다. 시계 바늘은 시계 안에 들어 있을 때 시간을 가리킬 수 있다. 혹시 그 바늘이 섰거나 잘못된 방향을 가리킬 때, 또 그것이 느리거나 빠를 때 우리는 시계가 고장났다고 말한다. 성품도 시계의 원리와 비슷한다. 그래서 사람의 성품은 그리스도의 사랑이 그 마음을 충만하게 채우고 있는지 그렇지 않은지를 잘 보여줄 수 있다.

교회나 기도 모임, 주님을 위한 일터에서는 부드럽고 거룩한, 그리고 명랑한 성품을 찾아보기 쉬워도 집 안에서 아내나 자녀들에게는 그런 성품이 잘 나타나지 않는다. 집 밖에서는 거룩하고 명랑한 생활을 하기가 쉽지만 집 안에서는 그러지 못하다는 말이다.

하나님의 사랑은 어디에 있는가?

그리스도 안에 있다. 하나님은 그리스도 안에서 우리들을 위한 놀라운 구속을 예비해 두시고 우리들에게 초자연적인 능력으로 덧입혀 주시기를 원하신다.

그렇다면 여러분은 그것으로 충만해지기를 사모하며 기도하고 또 소원하고 있는가?

다음으로 사람의 혀에 대해 생각해 보자. 우리는 종종 보다 좋은, 그리고 보다 안락한 삶을 살기 원한다면 혀를 조심해야 한다는 말을 듣게 된다. 그러나 혀를 자기 마음대로 놀리는 그리스도인들이 많다.

그들은 자기가 생각하고 싶은 대로 생각할 권리가 있다고 말하며 또 이웃과 그리스도인들에 대해 얼마나 날카로운 비판을 가하는가!

함께 연합하여 주의 일을 한다고 하는 그리스도인들 가운데서도 예리한 비판이나 날카로운 비평, 성급한 견해, 사랑 없는 발언, 은근한 멸시 그리고 은밀한 저주들이 얼마나 많이 발견되는가!

어머니의 사랑이 자녀들의 허물을 덮어주고 오히려 그들을 기뻐하며 또 많은 결점과 실패에도 불구하고 가장 부드러운 애정을 쏟아주는 것처럼 모든 그리스도인들도 예수 안에 있는 형제, 자매들을 어머니의 뜨거운 사랑으로 사랑해야 한다.

여러분은 그렇게 노력해 보았는가?

그것을 추구하며 또 그렇게 되기를 위해 간구한 적이 있는가?

예수 그리스도는 말씀하셨다.

"내가 너희를 사랑한 것 같이 너희도 서로 사랑하라."

하나님의 성령께서 능력으로 임하실 수 없는 이유가 무엇인가?

불가능하기 때문인가?

앞에서 예로 들어 설명한 그릇에 관한 이야기를 기억

할 수 있을 것이다. 그릇의 일부에 불과한 한 조각을 가지고서는 소량의 물을 담을 수밖에 없다. 물을 가득히 담기 위해서는 깨지지 않은 온전한 그릇이 필요하다.

교회나 선교회 혹은 어떤 단체라 할지라도 모일 때마다 뜨겁게 사랑하지 않으면 안 된다. 그렇지 않으면 성령이 역사하실 수 없다. 세속적인 것이나 의식화된 것, 그리고 오류와 무관심은 성령을 슬프게 하는 것이다. 하지만 이것들보다 성령을 더욱 슬프게 만드는 것은 사랑이 없는 것이다.

5. 우리의 사랑이 하나님의 능력을 보여준다

왜 성령의 열매가 사랑이라고 가르치는가?

성령께서 우리들의 생활 가운데 찾아오셔서 거룩하신 능력을 나타내 주시고 하나님이 자기 백성을 위해 무엇을 하실 수 있는지를 성령께서 계시해 주시기 때문이다.

사도행전 2장과 4장에서 우리는 제자들이 마음을 같이했던 것에 대해 읽을 수 있다. 예수님과 함께 3년간 동행했을 때 그들은 결코 하나 되지 못했다. 그리스도의 모든 가르침도 그들을 하나 되게 하지 못했다. 그러나 하늘로부터 성령이 오셨고 그들의 마음 가운데 하나님의 사랑을 부어주셨을 때 그들은 한 마음과 한 영혼이 되었다.

그들의 마음에 하늘의 사랑을 가져온 동일한 성령이 또한 우리를 채워야 한다. 다른 것으로는 안 된다. 그리스도가 그러셨듯이 천사의 말을 가지고 3년간 사랑을 설교해도, 그들의 마음에 성령의 능력이 임하여 하늘의 사랑을 가져다주지 않으면 어떤 사람에게도 사랑을 가르칠 수 없다.

대부분의 교회를 생각해 보자.

얼마나 많은 분쟁이 있는가!

여러 개의 몸들이 있다고 생각하는 것 같다. 거룩의 문제라든가 아니면 깨끗하게 하는 피의 문제와 성령 세례의 문제에 대해서 그리스도인들은 얼마나 심각하게 서로 의견을 달리하고 있는가!

의견의 차이에 대해서 걱정하는 것이 아니다. 모든 사람이 다 같은 성품이나 같은 마음을 가질 수는 없다.

하지만 가장 거룩하신 하나님의 진리의 말씀을 가지고 서로 미워하고 비방하며 멸시하고 분쟁하는 일에 사용해서야 되겠는가?

종교개혁 당시 루터교회와 칼빈주의 교회 사이에도 그러했다. 모든 그리스도인들을 하나로 묶을 연합의 줄인 성만찬에 대한 것에서마저 그런 차이점을 보였다는 것은 참으로 가슴 아픈 일이 아닐 수 없다. 더군다나 시간이 흐름에 따라 가장 귀한 하나님의 진리들이 그리스도인들을 영원히 갈라놓는 하나의 산맥이 되어버렸다.

우리가 능력 있는 기도를 하려면, 그리고 성령의 능력과 하나님의 성령을 물 붓듯 부어주시기를 원한다면 우리는 먼저 신령한 사랑으로 서로 사랑하겠다는 약속을 하지 않으면 안 된다.

여러분은 그렇게 할 준비가 되어 있는가?

그것이야말로 가장 사랑할 줄도 모르고, 사랑받을 만한 자격도 가치도 없고 참을성도 없지만 노력하는 하나님의 자녀들을 사로잡기에 충분한 사랑이라고 볼 수 있다. 하나님께 온전히 헌신하겠다고 맹세했다면 당연히 하나님의 사랑으로 충만케 되기를 기대해야 한다. 말하자면 사랑의 종이 되어 주위에 있는 모든 하나님의 자녀를 사랑할 수 있어야 한다는 말이다.

그리스도께서 보좌 오른편에 앉으셨을 때 하나님은 성령을 이 땅에 보내셔서 아버지의 마음과 또 그의 영원하신 사랑을 보여주시는 놀라운 일을 행하셨다.

그럼에도 불구하고 우리들은 성령의 능력을 격하시켜 그의 능력으로 우리의 일이나 하려고 시도한 적이 얼마나 많은가!

하나님께서 우리를 용서해 주시기를 바랄 뿐이다. 그리고 성령께서 하나님 아버지와 예수 그리스도의 생명과 성품을 우리 마음 가운데 충만하게 채워주시는 능력으로 말미암아 영광을 받으시기를 바란다.

6. 그리스도인의 일에는 사랑이 필요하다

왜 성령의 열매가 사랑인지 다시 한번 묻고 싶다. 대답은 이렇다. 사랑은 그리스도인들이 행하는 모든 일에 있어 유일한 능력이 되기 때문이다.

그렇다. 사랑은 우리들에게 꼭 필요한 능력이다. 우리는 우리를 서로 하나 되게 할 사랑이 필요할 뿐만 아니라 잃어버린 자들을 찾는 일에 있어서 신적인 사랑이 필요하다. 그리스도인이면서도 박애주의 정신이나 단순한 동정심, 그것도 아니면 목사님과 교우의 권유로 교회의 일을 하는 경우가 많다. 참된 사랑의 세례는 받지 아니하고 오직 모종의 열심만 가지고 일하는 경우가 많다는 것이다.

"불 세례가 무엇이냐?"

사람들은 종종 묻는다. 여러 번 대답한 바 있거니와, 나는 하나님의 불 곧 갈보리 언덕에서 희생 제물로 불태워졌던 영원하신 사랑의 불 외에는 알지 못한다. 교회에 꼭 필요한 것은 사랑의 세례이다. 그것을 얻기 위해서 우리는 하나님께 간구하지 않으면 안 된다.

주여! 하늘로부터 나의 심령에 사랑을 쏟아부어 주시옵소서. 그 안에 영원하고 충만한 사랑을 위해 자신을 드린 분처럼 그렇게 기도하며 살기를 원합니다.

하나님의 사랑이 우리 마음속에 거하실 때 놀라운 변화가 나타난다. 수많은 신자들은 이렇게 말한다.

나는 그리스도를 위해서 일하는 데 있어서 더 열심히 일할 수 있을 것 같은데, 은사가 없어요. 어디서 어떻게 시작해야 할지 모르겠어요. 내가 할 수 있는 일이 무엇인지 모르겠어요.

형제자매들이여!

사랑의 성령으로 세례를 달라고 하나님께 기도하라. 사랑이 길을 찾아줄 것이다. 사랑은 모든 어려움들을 살라버릴 수 있는 불과 같다. 여러분은 아마도 수줍음을 잘 느끼며 결단력이 없는, 그리고 말이 둔한 사람일지도 모른다. 하지만 사랑은 모든 것을 가능케 한다. 하나님께서 우리들에게 그의 사랑으로 충만하게 채워주시기를 바란다.

여러분들은 수많은 감동적인 사랑의 이야기를 읽고 그 아름다움에 대해 얘기했을 것이다. 나도 얼마전에 한 이야기를 들었다. 많은 가난한 여자들이 거하는 구호센터에서 한 여인이 강의 요청을 받았다. 양호 교사와 함께 창가에 갔을 때 그녀는 창밖으로 비참한 몰골을 한 사람이 앉아 있는 것을 보고 물었다.

"저 사람은 누구죠?"

"저 여인을 3, 40번이나 데리고 들어왔어요. 그때마다 다시 나가버려요. 그녀에게 아무것도 할 수가 없어요. 그녀는 우울하고 까다로워요."

"저 여인은 반드시 들어올 겁니다."

"우리는 그녀를 기다려 왔어요. 사람들이 모였고, 강의할 시간이 한 시간밖에 없어요."

양호 교사의 말을 듣고 강사가 말했다.

"아니요. 이것이 더 중요합니다."

강사는 밖으로 나가 비참한 여인이 앉아 있는 곳으로 가서 말했다.

"자매님, 무슨 문제가 있나요?"

"나는 당신의 자매가 아니예요."

강사는 그 여인에게 손을 올리며 다시 말했다.

"아니요. 나는 당신의 자매가 맞습니다. 그리고 나는 당신을 사랑한답니다."

그리고 강사는 그 비참한 여인의 마음이 움직일 때까지 계속 말했다. 얼마간 대화가 계속되는 동안 사람들은 인내심 있게 기다렸다. 마침내 강사는 그 여인을 방으로 데려왔다. 가련하고 비참하고 수치심이 가득한 볼품없는 여인이었다.

그녀는 의자에 앉으려고도 하지 않고 강사석 옆 자리에 앉았다. 강사는 그녀를 향해 몸을 굽히더니 두 팔로 그녀의 목을 끌어안은 채 사람들에게 강의를 했다. 그리고 그것이 그 여인을 마음을 어루만졌다. 그 비참한 여인은 자신을 정말로 사랑해 주는 사람을 찾았다. 그리고 그 사랑이 예수님의 사랑을 만나게 했다.

할렐루야!

이 땅에 있는 하나님의 자녀들의 마음속에 사랑이 있다. 더 많은 사랑이 있기를 바란다.

> 오, 하나님! 우리 사역자들에게 부드러운 사랑의 세례를 주소서. 우리 선교사들과 성경 교사들, 우리의 직원들과 우리 젊은이들의 모임에도 그리하소서. 하나님이 지금 우리와 함께 시작하시도록, 우리에게 하늘의 사랑으로 세례를 주소서!

7. 사랑은 중보기도를 고취시킨다

또 한 가지 생각하고 싶은 것은 중보기도 곧 남을 위해 기도할 수 있는 것 역시 사랑밖에 없다는 사실이다.

여러분은 교회와 국가가 수행하는 일들 가운데 가장 어렵고도 중요한 일이 무엇이라고 생각하는가?

그것은 바로 중보기도의 사역이다. 말하자면 하나님께 나아가서 하나님을 붙드는 시간을 가지는 일이다.

경건한 그리스도인이 될 수 있고 또 진실한 목사가 될

수 있으며 선한 일을 많이 하는 사람이 될 수도 있다. 하지만 하나님께 많이 기도하지 못한다면 그것은 참으로 서글픈 일이 아닐 수 없다. 하나님께서 우리들에게 큰 은사 곧 간구의 영을 허락해 주시기를 바랄 뿐이다.

그리스도인들이 중보하는 것에 별로 관심을 두지 않고 있음을 발견하게 된다. 기도 모임에서 하나님의 모든 백성들을 위해서는 기도하지 않고 오직 회원들만을 위해서 기도하는 경우가 많다. 우리들은 시간을 내어 그리스도의 교회들을 위해서 기도해야 한다.

이방인들을 위해서 기도하는 것은 매우 당연한 일이다. 하나님께서 우리들에게 더욱 힘을 주셔서 그들을 위해 기도할 수 있기를 바란다. 선교사들과 그들의 사역, 그리고 아직 회심하지 못한 사람들을 위해서 마땅히 기도해야 한다.

그러나 사도 바울은 이방세계와 아직 회심하지 않은 사람들을 위한 기도를 부탁하지 않았다. 오히려 모든 지역에 흩어져 살고 있는 성도들을 위해 매일같이 기도하는 것이 여러분의 첫 번째 기도제목이 되어야 할 것이다. 그리스도의 교회가 처한 상태는 글로 표현할 수 없을 정도로 나쁘다. 하나님께서 그의 백성들을 돌아보시도록 간구하자.

그리고 서로를 위해서 기도하되 특히 하나님을 위해 열심히 일하는 모든 그리스도인들을 위해 간구하자. 여러분의 마음속에 사랑이 충만하기를 바란다. 그리스도께서 날마다 사랑을 새롭게 채워주시도록 기도하자. 하나님의 성령으로 말미암아 사랑으로 옷 입도록 힘쓰라. 성령의 사역을 위해 따로 세움을 입었다면 여러분도 사랑, 곧 성령의 열매를 맺을 수 있을 것이다.

하나님 앞에 여러분의 사랑 없음을 고백하지 않겠는가?

다음과 같이 겸손하게 고백할 수 있기를 바란다.

"오, 주님! 나에게 인정도 모자라고 사랑도 부족함을 솔직하게 고백합니다."

하나님의 발 앞에 자신의 부족을 고백했다면, 그리스도의 보혈이 당신을 깨끗케 하심을 믿으라. 예수께서 오셔서 강하고, 깨끗케 하고, 구원하는 능력으로 여러분을 구원하시고 그의 성령을 주실 것이다.

제9장 하나님은 하실 수 있느니라

이르시되 무릇 사람이 할 수 없는 것을
하나님은 하실 수 있느니라 눅 18:27

그리스도께서 그 부자 청년 관원에게 말씀하셨다.

> 네게 있는 것을 다 팔아 가난한 자들에게 나눠 주라…그리고 와서 나를 따르라 눅 18:22

이 말씀을 들은 그 청년은 큰 부자였기 때문에 심히 근심하며 그 자리를 떠나버리고 말았다. 그리스도께서 제자들을 보시며 "재물이 있는 자는 하나님의 나라에 들어가기가 얼마나 어려운지"라고 말씀하셨다. 그때에 제자들이 당황하여 "그러면 누가 구원을 얻을 수 있나이까"라고 물었을 때 그리스도께서 대답하셨다.

> 무릇 사람이 할 수 없는 것을 하나님은 하실 수 있느니라 눅 18:27

이 말씀 속에는 두 가지 생각이 함축되어 있다.

첫째, 신앙적인 측면에서 구원을 얻고 또 그리스도를 따르는 거룩한 삶에 대한 문제로 그것은 사람의 힘으로는 도저히 불가능하다는 사실이다.

둘째, 사람이 할 수 없는 것이라 할지라도 하나님께는 가능하다는 사실이다.

이와 같은 생각들은 사람이 신앙생활을 하는 데 있어서 마땅히 배워야 될 두 가지의 큰 교훈이다. 신앙에 있어서 사람은 아무것도 할 수 없으며 또 구원을 위해서도 인간은 전적으로 무능하다는 첫 번째 교훈을 터득하기까지는 오랜 시간이 걸린다. 첫 번째 교훈을 종종 배우는 사람도 사람이 할 수 없는 것을 하나님은 하실 수 있다는 두 번째 교훈을 배우지는 못한다. 두 가지 교훈을 다 깨닫는 사람은 참으로 복 있는 사람이다.

이 두 가지 교훈을 깨달으면 신앙생활에 두 단계가 있음을 알게 된다.

1. 사람은 할 수 없다

첫째 단계는 사람이 자기 최선을 다했는데 실패했을 때, 그리고 더 잘하려고 노력했는데 거듭거듭 실패했을 때를 말한다. 그럼에도 불구하고 그가 그 교훈을 도무지 깨닫지 못한다는 말이다. 베드로는 그리스도의 제자로 3년을 지냈으나 주님을 모른다고 부인하여 결국 밖으로 나가 심히 통곡할 때까지 그것이 불가능함을 결코 배우지 못했다.

사람의 힘으로는 불가능하다는 교훈을 깨닫고 있는 사람을 잠깐 살펴보자. 처음에 그는 그것에 맞서 싸운다. 그리고 다음에는 그것에 굴복하지만 역겨워하며 절망한다. 그리고 마침내 그 교훈을 받아들이고 그것을 기뻐한다. 신앙생활의 초기에 새신자는 이 교훈을 깨닫지 못한다. 회심하고 마음속으로 주님과 더불어 기쁨을 누리면서 달려갈 길을 잘 달리고 당면한 싸움을 싸우며 이제는 승리할 것을 확신하게 되는데, 그것은 그의 태도가 정직하고 근면할 때 하나님께서 그를 도와주시기 때문이다.

하지만 얼마 되지 않아 예기치 않은 실패와 죄에 빠질 수도 있다. 실망 가운데 자신이 깨어 있지 못해서 그랬는지 아니면 결심이 약해서 그랬는지 원인을 규명한다. 그래서 다시금 맹세하고 기도하지만 역시 실패하고 만다. 그는 또다시 생각한다.

'내가 중생하지 않았다는 말인가?

아니면 내 안에 하나님의 생명이 없다는 말인가?'

그리고 또다시 생각한다.

'그래 나를 도우시는 그리스도가 내 안에 계셔. 나는 거룩한 삶을 살 수 있어.'

그 후에 그는 또 다른 심리 상태에 이르게 된다. 그리고 그러한 생활이 불가능함을 보기 시작한다. 그러나 그것을 인정하지 않는다. 그러나 수많은 그리스도인들이 "나는 할 수 없다"고 생각하는 지점에 이른다. 그리고 생각하기를 하나님은 그들에게서 그들이 할 수 없는 것을 기대한 적이 결코 없다고 생각해 버린다.

혹시 당신이 그들에게 하나님께서 그것을 기대하고 계신다고 말을 하면 그들은 그것을 불가사의한 일로 생각하게 될 것이다. 그들은 그것을 충분히 이해하지 못하고 단지 자신이 할 수 없다는 생각에 절망감에 사로잡히고 만다. 최선을 다하지만 얼마 가지 못한다.

그러나 하나님은 그의 자녀들을 제3의 단계로 인도해 주신다. 이 단계에서 그는 진실로 그것이 불가능함을 인정하게 되지만, 동시에 이렇게 말한다.

"나는 그것을 해야 해. 나는 그것을 할 거야. 사람으로서는 불가능하지만, 나는 그것을 해야 해."

그는 새로운 의지로 전력투구하면서 하나님께 간절히 기도하기 시작한다.

"주님, 이것은 무슨 뜻이죠?"

"어떻게 하면 내가 죄의 세력에서 자유로울 수 있나요?"

그것은 로마서 7장에 나타나는 중생한 사람의 상태이다. 그가 사력을 다하여 거룩한 생활을 하려고 하는 것을 여러분은 발견할 수 있을 것이다. 하나님의 법이 그에게 계시되어 그의 마음속에 파고들 때 그는 감히 다음과 같이 고백할 수 있다.

> 나는 내 속사람으로 하나님의 법을 즐거워한다. 그리고 선을 행하려는 의지가 나에게 있다, 내 심령으로 하나님의 법을 사랑하며 또 나의 의지로 하나님의 법을 선택했다.

그런데 하나님의 법을 진실로 즐거워하며 또 옳은 일을 하기로 뜻한 사람이라도 실패할 수 있는가?

그럴 수 있다. 로마서 7장이 바로 그것을 가르쳐 주고 있다. 또 다른 것이 필요하다. 내가 속사람으로 하나님의 법을 즐거워하며 그가 원하시는 바를 나도 원할 뿐만 아니라 또 전능하신 하나님께서 내 속에서 역사해 주셔야 한다는 사실이다. 사도 바울은 이에 대한 교훈을 빌립보서 2장에서 밝히고 있다.

> 너희 안에서 행하시는 이는 하나님이시니 자기의 기쁘신 뜻을 위해 너희로 소원을 두고 행하게 하시나니 빌 2:13

차이점에 주목하라. 로마서 7장에서 중생한 사람은 "원함은 내게 있으나 선을 행하는 것은 없노라"고 말했다. 하지만 빌립보서 2장에서는 좀 더 성숙한 사람의 모습을 발견할 수 있을 것이다. 그는 하나님께서 그의 의지를 새롭게 해주셨을 때 그 의지의 욕구를 충족시켜 줄 수 있는 능력도 함께 주신다는 사실을 이해한다. 이것이 바로 우리가 영적인 생활을 함에 있어서 깨달아야 할 가장 중요한 교훈이라고 볼 수 있다.

하나님이여! 나로서는 불가능합니다. 이제는 육욕과 죄의 세력이 끝나게 하시고, 나의 무능함이 변하여 영광이 되게 하시옵소서. 나 자신의 무능함을 깨닫게 하신 하나님의 교훈을 인하여 당신을 찬양합니다.

하나님께 온전히 헌신한다고 생각하면서 여러분은 자신의 종말을 고하고 날마다 그리고 매 순간 식탁과 가정과 일터에서 또 시련과 유혹 가운데서 실제적으로 하나님께 온전한 헌신을 했다고 생각하는가?

여러분들이 그 교훈을 배우기를 기도한다. 자신의 힘으로 할 수 없다고 느낄 때 여러분은 바른 길에 서 있는 것이다. 자신의 입장을 솔직하게 인정하고 하나님께서 인도해 주실 것을 간구하라.

오, 하나님이여! 내 마음의 소원과 즐거움은 당신께 온전한 헌신을 드리는 것입니다. 그러나 내 힘으로는 그것이 불가능합니다. 그런 삶을 사는 것은 내 능력 밖의 일이다.

자신의 무능함을 철저하게 깨달을 때 하나님께서 여러분 속에 들어오셔서 그 일을 수행할 수 있는 소원와 능력을 주실 것이다.

2. 하나님은 하실 수 있다

이제는 **둘째** 단계를 생각해 보자.

> 사람이 할 수 없는 것을 하나님은 하실 수 있느니라
> 눅 18:27

사람으로서는 할 수 없다는 그 교훈을 받고서 절망에 빠져 기쁨도 능력도 승리도 없는 비참한 삶을 살고 있는 사람들이 많다는 사실을 생각해 보았다.

왜 그런가?

왜냐하면 그들은 하나님께서 모든 것을 하실 수 있다는 또 다른 교훈을 겸손하게 배우지 못했기 때문이다. 신앙생활은, 하나님께서 불가능을 가능케 하신다는 사실을 매일매일 증거하는 것이어야 한다. 다시 말해서, 여러분의 신앙생활은 하나님의 전능하신 능력으로 말미암아 불가능을 가능케 하며 또 현실화하는 삶의 연속이어야 한다는 말이다.

그것은 그리스도인에게 꼭 필요하다. 그리스도인이 경배하는 하나님은 전능하신 분이다. 우리가 깨달아야 할 것은 우리에게 필요한 것이 하나님의 능력의 일부가 아니라, 우리를 바르게 지키시며 또 그리스도인으로 살게 하시는 하나님의 전능하신 능력 '전부'이다.

기독교의 총체는 곧 전능하신 하나님의 사역이다. 예수 그리스도의 탄생을 보라. 그것은 신적인 능력으로 말미암아 나타난 기적이다. 마리아에게 "하나님은 능치 못할 일이 없느니라"고 말씀하셨습니다. 그것은 하나님의 전능하심을 뜻한다. 또다시 그리스도의 부활을 생각해 보라.

그의 전능하신 능력으로 말미암아 하나님께서 그리스도를 죽은 자 가운데서 다시 살리셨다고 가르쳐 주고 있지 않은가?

모든 나무는 그것이 움터 나온 뿌리에서 자란다. 300년 된 떡갈나무도 그것이 처음에 돋아난 뿌리에서 계속 자라고 있다. 기독교는 그 기원을 하나님의 전능하심에 두고 있으며, 또 모든 사람들 역시 그 존재의 기반을 이 하나님의 전능하심에 두고 있다.

고차원적인 신앙생활을 할 수 있는 모든 가능성도 하나님의 뜻을 우리 가운데 실현시킬 수 있는 그리스도의 능력을 새롭게 인식하는 데 기초를 두고 있다.

여러분의 심령 가운데 힘 있게 역사하고 있는 하나님의 전능하심이 꼭 필요하다는 사실을 깨달았는가?

겉으로는 별다른 표가 나타나지 않을 수도 있다. 그래서 사도 바울은 다음과 같이 말했다.

> 내가 너희 가운데 거할 때에 약하고 두려워하고 심히 떨

> 었노라 내 말과 내 전도함이…다만 성령의 나타나심과 능력으로 하여 고전 2:3-4

사람에게는 연약함이 있으나 하나님에게는 전능하심이 있다. 경건한 신앙생활에는 이것이 항상 적용된다. 우리가 이 교훈을 보다 잘 깨달아 거기에 마음을 쏟고 또 온전한 헌신을 드릴 때 전능하신 하나님과 함께 산다는 것 얼마나 큰 축복인지 매일 아침, 그리고 매 순간 알게 될 것이다.

여러분은 하나님의 전능하심에 대한 속성을 성경에서 배운 적이 있는가?

세상을 창조하시고 인간을 만드신 일, 그리고 어둠과 빛을 구별하신 일이 모두 하나님의 전능하심으로부터 왔음을 여러분은 알게 될 것이다.

여러분은 또 구속 사역에 나타난 하나님의 전능하심을 생각해 본 적이 있는가?

아브라함을 생각해 보자. 그를 부르시고 장차 그리스도가 나실 이스라엘 백성의 조상으로 삼으셨을 때 하나님은 그에게 말씀하셨다.

> 나는 전능한 하나님이라 너는 내 앞에서 행하여 완전하라 창 17:1

하나님은 아브라함을 연단시키셔서 자신이 전능한 하나님임을 믿게 하셨다. 그리하여 그가 알지 못하던 땅에 나아갈 때도, 수많은 가나안 족속 가운데 나그네로 살아갈 때도, 나이 많아 아들을 얻기까지 25년 동안 기다릴 때도, 모리아산에서 아들 이삭을 번제로 드리려고 할 때 그의 아들이 죽은 상태에서 살아날 것을 믿을 때도, 그는 전적으로 하나님만 신뢰했던 것이다.

아브라함이 믿음에 굳게 서서 하나님께 영광을 돌린 것은 하나님이 약속하신 것을 반드시 성취하실 것으로 믿었기 때문이다.

신앙생활에 힘이 없는 이유는, 어느 정도는 자신의 힘으로 하려고 하면서 하나님의 도움을 구하기 때문이다. 하지만 그럴수 없다. 우리 자신이 철저히 무능하게 되어 하나님으로 역사하시게 해야만 하나님께서 영광스럽게 일하실 수 있다.

성경으로 돌아가서 이스라엘을 이끌고 출애굽 할 때의 모세와 또 그들을 가나안 땅으로 인도하던 여호수아, 그리고 구약의 모든 하나님의 종들이 불가능한 가운데 어떻게 하나님을 신뢰했는지 살펴보라.

그 하나님은 지금도 살아 계시며 모든 자녀들의 하나님이 되어주신다. 그런데도 우리들은 자기가 최선을 다하는 동안 하나님은 약간의 도움밖에 안 된다고 생각하며 하나님께서 원하시는 바를 깨닫지 못하고 "나는 아무엇도 할 수 없다. 하나님이 다 해주실 것이다"라고 말한다.

그러나 하나님이 이렇게 고백하게 해주시기를 바란다.

> 예배에 있어서나 사역에 있어서나, 하나님께 대한 거룩과 순종에 있어서 나는 스스로 아무것도 할 수 없습니다. 오직 나의 자리는 전능하신 하나님을 예배하고, 그분이 매 순간 내 안에서 이루실 것을 믿는 자리입니다.

오! 하나님이 그의 은혜로 말미암아 당신이 어떤 하나님을 소유하고 있는지, 당신 자신을 어떤 하나님께 의뢰하고 있는지 보게 하시기를 바란다. 그분은 전능하신 하나님이시요 그의 모든 전능하심으로 그의 모든 자녀의 필요에 자신을 내어줄 수 있는 분이시다.

주 예수께서 우리에게 가르치신 교훈을 따라 말하지 않겠는가?

"아멘, 사람으로서는 할 수 없으되, 하나님으로서는 하실 수 있습니다."

베드로에 대해 드린 말씀을 기억하라. 그의 자신감과 자기 능력, 자의지, 그리고 그가 어떻게 주님을 부인하게 되었는지를 기억하라. 당신도 느꼈을 수 있다.

"아, 내 안에도 나를 다스리는 이기적이고 육적인 삶

이 있구나!"

그러나 이제는 거기로부터 구원이 있음을 믿게 되었는가?

전능하신 하나님께서 여러분의 마음속에 그리스도를 계시해 주심을 믿음으로 성령이 여러분을 다스리시고, 자신의 삶이 여러분을 지배하지 못하게 하였는가?

그 두 가지를 연결하고, 겸손과 온유로 회개의 눈물을 흘려보았는가?

> 오, 하나님이여! 저로서는 불가능합니다. 그리고 사람은 할 수 없습니다. 그러나 당신의 이름에 영광으로 돌리오니 하지만 하나님께서 하실 수 있습니다.

구원을 위해 간구했는가?

그렇지 않았으면 지금 시도해 보라. 하나님의 무한하신 사랑에 자신을 온전히 바쳐보라. 그의 사랑이 무한하듯이 그의 능력도 무한하시기 때문에 그가 반드시 이루실 것이다.

3. 하나님이 사람 안에서 행하신다

다시 우리는 '온전한 헌신'의 문제로 돌아왔다. 그것이 그리스도의 교회에 부족한 것이며 또한 그것 때문에 성령께서 우리 가운데 충만하게 역사하시지 못하고, 결과적으로 우리가 성령의 사역을 위해 구별된 삶을 살지 못한다. 뿐만 아니라 바로 그것 때문에 육체의 소욕과 이기심이 정복되지 않으며 예수님처럼 하나님께 온전히 헌신하는 삶이 어떤 것인지를 깨닫지 못하는 것이다.

그러나 사람이 할 수 없는 것을 하나님은 하실 수 있다.

하나님이 여러분을 그리스도 안에서 들어 쓰실 때, 그가 여러분으로 온전한 헌신의 사람으로 만들 수 있음을 믿는가?

하나님은 그러실 수 있다. 매일 아침 잠자리에서 일어나면서 직간접적으로 자신이 하나님의 보호를 받으며 또 하나님께서 자신의 생명 가운데 역사하고 계심을 느낄 수 있도록 하실 수 있다는 말이다.

어떤 사람들은 성화에 대해서 생각하는 것이 피곤한 일이라고 생각한다. 거룩케 되기를 간구하며 소원하지만 아직 멀게만 보일지도 모른다. 예수님의 거룩하심과 겸손하심은 아주 멀리 있다고 생각할 것이다.

그러나 성경적이고 실제적이고 효과적인 성화의 교리란, 사람이 할 수 없는 것을 하나님께서 거룩케 하실 수 있다는 진리이다. 또한 하나님은 그의 전능하시고 거룩케 하시는 능력으로 매 순간 그들을 지키실 수 있다.

그리스도를 우리의 죄로부터 구원해 주신 구세주와 또 우리의 생명과 능력으로 계시해 주실 수 있는 분은 바로 하늘에 계신 하나님 자신이다. 그러므로 사도 바울은 다음과 같이 고백했다.

> 그의 성령으로 말미암아 너희 속사람을 능력으로 강건하게 하시오며 엡 3:16

그의 믿음의 자녀들의 마음속에서 그의 전능하심으로 일하심으로 그리스도께서 내주하는 구세주가 되게 하시는 분이 전능하신 하나님이심을 보지 못하는가?

이 진리를 파악하려고 힘쓰며 믿으려고 노력했지만 그렇게 되지 않을 것이다. 그것은 사람으로서는 불가능하지만 하나님으로서는 모든 것이 가능하다는 진리를 믿지 않았기 때문이다.

우리는 새로운 방식으로 유입되는 사랑이 있음을 알아야 한다. 우리의 심령은 위로부터 내려오는 생명과 영원한 사랑의 원천으로부터 채워지지 않으면 안 된다. 그래야만 양이 본성적으로 순하고 이리가 본래적으로 사나운 것처럼, 그것이 날마다 차고 넘침으로써 우리도 자연스럽게 동료를 사랑할 수 있는 것이다.

그런 상태에 나아갈 때에 비로소 우리는 도저히 좋아할 수도 사랑할 수도 없는 사람을 사랑할 수 있게 되며,

심지어는 나를 미워하고 헐뜯는 사람을 사랑할 수 있게 된다. 한걸음 더 나아가, 방해와 미움과 배은망덕에도 불구하고 사랑의 능력으로 승리하며, "사람은 불가능하구나"라는 말을 더 이상 안 하게 될 것이다. 하지만 지금도 사랑하는 일이 도저히 불가능하거나 자신의 능력 밖의 일이라고 생각되거든, 하나님께 나아와서 그에게는 능치 못할 일이 없음을 고백할 수 있기를 바란다.

남을 위해 힘 있게 일하고 싶은 사람은 자신의 심령 가운데 나타난 하나님의 능력을 인식하며 다음과 같이 기도할 수 있기를 바란다.

> 주님, 내 심령 가운데 날마다 당신의 능력을 주시고, 하나님은 참으로 모든 사람을 구하고 보전하시기에 능하신 분임을 사람들에게 보일 수 있도록 하소서.

혹자는 굉장한 부흥을 위해 호소하기도 한다. 하나님께서 모든 믿는 성도들을 다 회복시켜 주시기를 바란다. 그러나 나는 교회에 나오지만 아직도 회개하지 못한 형식주의자들이나 회의주의자들, 그리고 믿음이 없는 자들을 최우선적으로 생각하지는 않는다. 그렇다고 내 주위에서 죽어 가는 사람들을 생각하는 것도 아니다.

내가 마음을 다해 가장 우선적으로 기도하고 싶은 사람은 하나님의 교회와 성도들이다. 하나님의 자비하심으로 권하노니 여러분도 하나님의 백성들을 위해 기도할 수 있기를 바란다. 어떤 사람들은 참으로 악한 상태에 있는 것이 사실이다. 그러나 그들이 하나님의 자녀들이라면 여러분의 형제들임에 틀림없다. 그들이 어두운 감옥으로부터 해방될 수 있도록 기도해 주고 도와주기 바란다.

또 하나님의 교회를 위해서 기도하며 하나님께서 축복해 주실 것을 확신하라. 수많은 성도들이 열망하는 성결과 헌신은 결코 무위로 끝나지 않는다. 하지만 하나님의 능력을 체험하는 한 사람의 선구자가 필요하다.

하나님은 뜻을 두고 일하십니다. 전능하신 하나님께서 자기 백성들 가운데 역사하시되 우리가 요구하는 것보다 훨씬 더 많이 역사하심을 믿어야 한다. 그래서 사도 바울은 말했다.

> 우리 가운데서 역사하시는 능력대로 우리가 구하거나 생각하는 모든 것에 더 넘치도록 능히 하실 이에게 교회 안에서와 그리스도 예수 안에서 영광이 대대로 영원무궁하기를 원하노라 엡 3:30-21

우리도 그렇게 고백할 수 있기 바란다. 우리가 구하고 생각하는 것보다 더 하실 수 있는 전능하신 하나님께 영광을 돌린다! 무릇 사람의 할 수 없는 것을 하나님은 하실 수 있다.

우리가 살고 있는 세계는 죄와 슬픔과 악마로 가득 찬 세계이다. 그러나 그리스도는 보좌에 앉아 계시며 또 그분이 더욱 강한 분이기 때문에 지금까지 이기셨고 또 이기실 것이다. "무릇 사람의 할 수 없는 것"이라는 말은 우리들을 낮추는 말로 들리지만 "하나님께서 하실 수 있느니라"는 말은 궁극적으로 우리들을 높여주고 있다.

전능하신 하나님을 신뢰하시기 바란다. 그분은 당신의 생명뿐만 아니라 그를 신뢰하는 모든 영혼들을 위하시는 분이다. 그의 전능하심을 찬송하지 않는 기도란 있을 수 없다. "전능하신 하나님이여! 내가 당신의 전능하심을 노래합니다"라고 고백해 보라. 그 기도는 반드시 응답될 것이다.

아브라함처럼 믿음이 강해져서 하나님께서 약속하신 것은 반드시 성취되고야 만다는 사실을 믿음으로 그에게 영광을 돌릴 수 있기를 바란다.

제10장 성령으로 시작하였다가

너희가 이같이 어리석으냐 성령으로 시작하였다가
이제는 육체로 마치겠느냐 갈 3:3

영적인 생활이 활발해지고 깊어지며 강화된다고 말할 때 우리는 우리의 연약함과 실수들, 그리고 죄된 것들을 생각하지 않을 수 없다. 그리하여 우리의 딱한 입장을 하나님께 내놓고 고백하게 된다.

"오, 하나님이여! 우리의 영적인 생활이 참으로 바람직하지 못합니다."

우리가 교회를 살펴볼 때 너무나 많은 약함과 실패, 죄와 부족함을 발견하기 때문에 우리는 왜 그런가 질문을 하지 않을 수 없다.

그리스도의 교회가 그렇게 저급한 상태의 생활을 해야 될 어떤 필요성이 있는가?

아니면 하나님의 백성들이 그가 주시는 기쁨과 능력을 받아 누리는 방법이 따로 있다는 말인가?

믿는 그리스도인이라면 누구나 그런 삶이 가능하다고 대답할 수 있어야 한다. 그러면 커다란 의문이 생긴다.

왜 하나님의 교회가 이렇게 약하고 대부분의 그리스도인들이 받은 바 특권을 누리지 못한 채 살아가고 있는가?

이에 대한 이유가 틀림없이 있다. 하나님은 전능하신 그의 아들 그리스도로 하여금 모든 믿는 자들의 목자가 되게 하셔서 항상 그들과 함께하며, 또 그리스도 안에 있는 그들에게 은혜를 베풀어 주시고, 교통하실 수 있도록 하지 않으셨는가?

하나님은 그의 아들만 주신 것이 아니라 성령까지 함께 주셨다.

그럼에도 불구하고 그리스도인들이 받은 바 특권을 누리지 못하는 이유는 무엇인가?

우리는 적어도 한 군데 이상의 서신에서 이 질문에 대한 엄숙한 대답을 발견하게 된다. 데살로니가전서에서 바울은 교인들에게 분명히 말했다.

> 너희가 행하는 바라 더욱 많이 힘쓰라 살전 4:1

그들은 신앙적으로 어리고 부족한 점이 많았지만 그들의 상태가 퍽 만족스러웠기 때문에 바울은 그들에게서 큰 기쁨을 얻었다. 그래서 그는 후에 편지하기를 "형제들아 권하노니 더욱 그렇게 행하고" 살전 4:10 라고 썼던 것이다.

하지만 다른 서신에서는 어조를 전혀 달리하고 있는데 특별히 고린도전후서와 갈라디아서에서는 그들이 그리스도인으로서 마땅한 삶을 살고 있지 못하는 유일한 이유가 육체의 소욕을 좇고 있기 때문임을 여러 가지로 지적하고 있다.

한 예로 갈라디아서 3:3 말씀을 들 수 있다. 그들에게 믿음을 전함으로써 그들이 이미 성령을 받았음을 상기시킨다. 그는 그들에게 그리스도를 전파했다. 그들은 그리스도를 받아들였고 성령의 능력도 받게 되었다.

그런데 어떻게 되었는가?

성령으로 시작했으면서도 그들은 성령으로 시작한 그 일을 육체를 따라 그들 자신의 노력으로 완성하려고 했다. 우리는 고린도전서에서도 같은 교훈을 발견할 수 있다.

여기에서 우리는 그리스도의 교회가 가지고 있는 큰 결점을 발견하게 된다. 하나님이 성령의 능력으로 살도록 불러주셨음에도 그리스도의 교회는 성령과는 동떨어진 육체의 의지와 노력과 힘을 가지고 줄곧 살아왔다는 사실이다.

만일 교회가 올바로 돌이켜 성령께서 교회의 능력과 도움이 되어주신다는 사실을 인정하고, 오직 하나님께서 성령으로 충만하게 채워주실 것을 기다린다면 교회는 다시금 영광과 기쁨의 날을 맛보게 될 것이다.

갈라디아 교회에게 주시는 이 말씀은 네 가지 교훈을 보여준다.

첫째, 신앙생활은 성령을 받음으로 시작한다.

둘째, 우리가 성령으로 살기를 버리고 육체를 따라 살 때 닥쳐올 큰 위험이 어떤 것인가를 보여준다.

셋째, 육체를 따라 완성하려는 증거와 열매가 무엇인지를 가르쳐 준다.

넷째, 이런 상태로부터 구원받는 방법을 제시하고 있다.

1. 성령을 받는 것

바울은 먼저 "성령으로 시작하였다가…"라고 말했다. 바울은 이신득의 교리만 논한 것이 아니고, 의인은 성령으로 말미암지 않고서는 살아갈 수 없기 때문에 하나님께서 성령을 보내셔서 인쳐주신다는 사실도 증거했던 것이다. 바울은 그들에게 여러 번 교훈하면서 이렇게 질문했다.

> 너희가 성령을 받은 것이 율법의 행위로냐 혹은 듣고 믿음으로냐 갈 3:2

바울은 지금 갈라디아 교인들이 자기의 가르침을 받고 크게 부흥했던 때를 말하고 있다. 하나님의 능력이 나타나자 갈라디아 교인들은 다음과 같이 고백할 수밖에 없었다.

> 그렇습니다. 우리는 성령을 받았습니다. 믿음으로 우리는 그리스도를 영접했고 또 성령을 믿음으로 받아들였습니다.

그런데 한 가지 두려운 것은 많은 그리스도인들이 예수님을 믿을 때 성령을 받았다는 사실을 모르고 있다는 점이다. 그들은 용서와 평안을 받았노라고 고백할 수 있다. 하지만 성령을 받았느냐는 질문에는 자신이 없으며 혹시 대답한다 할지라도 머뭇거린다. 그리고 예수님을 믿을 때부터 성령의 능력으로 살아간다는 것이 무슨 뜻인지 잘 몰랐다고 대답한다.

우리들은 이 위대한 진리를 분명하게 파악하지 않으면 안 된다. 진정한 신앙생활은 성령을 받음으로써 시작한다. 그러므로 모든 그리스도인 사역자들은 사도 바울이 교인들에게 교훈한 바와 같이 성령을 받고 또한 그분의 능력과 인도하심으로 살아가야 할 것을 가르쳐야 한다.

능력의 성령을 받았던 갈라디아 교인들이 성령으로 시작하였다가 육체로 끝마치려는 무서운 위험의 유혹을 받았다면, 하물며 자신이 성령을 받은 사실도 모르고 또 그것을 하나의 신조로 알고 있으면서도 그것에 대한 깊은 생각이 전혀 없어 하나님께 영광을 돌리지 못하는 사람들에게 닥쳐올 위험은 얼마나 크겠는가!

2. 성령을 소홀히 하는 것

이번에는 성도들 닥치게 되는 큰 위험에 대해 생각해 보자.

여러분은 열차의 선로가 어떻게 결합되고 분리되는지 알 것이다. 열차를 매단 기관차가 어떤 방향으로 달릴 때, 어떤 지점에서 입환入換, shunting 지점이 적절하게 열리거나 닫히지 않고 부주의하게 오른쪽이나 왼쪽으로 방향이 설정될 수 있다. 만일 캄캄한 밤에 그런 일이 발생한다면 열차는 잘못된 방향으로 달리게 될 것이다. 그리고 어느 정도의 거리를 가기 전에는 그것을 눈치채지 못할 것이다.

하나님은 바로 이러한 의도를 가지고 그리스도인들에게 성령을 주신다. 그리스도인들은 매일의 삶을 성령의 능력으로 살아야 한다. 성령의 능력이 없이는 단 한 시간도 경건한 삶을 살 수 없다. 그는 일관성 있고 나무랄 데 없는, 덕망과 성실함을 겸비한 삶을 살 수 없다. 매일매일, 그리고 매 순간 성령께서 인도해 주시지 않는 한 그는 하나님께서 받으실 만하고 또 하나님의 구원과 사랑을 노래하는 능력 있는 새로운 삶을 생각조차 할 수 없다는 것이다.

갈라디아 사람들은 성령을 받았음에도 성령으로 시작했던 것을 육체로 마치려고 했다.

그 결과 어떤 현상이 일어났는가?

그들은 할례를 강조하는 유대주의의 가르침으로 떨어져 버렸다. 그들은 그들의 종교를 의식화하기 시작했다. 그래서 바울은 할례를 베푼 자들을 "육체로 영광을 삼는 자들"이라고 표현했던 것이다.

우리는 '종교적인 육체' religous flesh 란 말을 종종 듣게 된다.

무슨 뜻인가?

아마도 다음과 같은 생각을 함축하고 있는 표현이라고 볼 수 있다.

> 나의 인간성과 의지와 노력이 종교에 있어서 얼마든지 효력적일 수 있다. 회심하고 성령을 받은 후라 할지라도 나는 스스로의 힘으로 하나님을 섬길 수 있다.

하지만 이런 생각으로 일하는 것은 아무리 부지런하게 많은 일을 하더라도 언제나 성령의 일이 아니라 인간의 육체적인 일에 불과하다. 이런 사람은 자신도 모르게 성령의 노선을 벗어나서 육체의 노선을 달리고 있다는 심각한 생각을 갖고 있다. 비록 그가 매우 근면하고 또 큰 희생을 치렀다 할지라도 그것은 다 인간의 의지로 한 것에 불과하다.

스스로 돌이켜보며 하나님께 여쭤보아야 할 가장 큰 과제는 우리가 신앙생활을 한다고 하면서 성령의 능력으로 살기보다는 오히려 육체의 힘으로 살지 않았는가 하는 점이다. 사람이 전도자로서 부지런히 일하며 다른 사람들이 그의 큰 희생을 칭찬한다 할지라도 그에게서 신령한 사람이라는 어떤 느낌을 받을 수 없다면 그의 생활도 틀림없이 신령하지 못할 것이다. 그리스도인이 많은데도 불구하고 "그는 참으로 신령한 사람이로다!"라고 칭찬하는 사람이 한 사람도 없는 실정이다. 그 이유는 한마디로 우리가 육체 가운데 거하기 때문이다.

육체는 여러 가지 형태로 나타난다. 육체의 지혜로 나타날 수도 있다. 마음은 온통 종교에 관한 것뿐일 수 있다. 설교도 하고 글도 쓰고 사색과 묵상을 즐기며 하나님의 말씀과 천국에 관한 일을 좋아하지만 실상은 성령의 능력이 뚜렷하게 나타나지 않는다. 여러분은 그리스도의 교회들에 선포되는 말씀을 보고 이렇게 질문할수 있을 것이다.

"아아, 하나님의 말씀을 설교하는데 회개케 하는 능력은 왜 그렇게 적습니까?"

"그렇게 많은 일을 하는데 영생의 열매는 왜 적습니까?"

"성도를 성결과 헌신의 삶에서 성장케 하는 능력은 왜 그렇게 부족합니까?"

그 대답은 성령의 능력이 결여되었기 때문이다.

왜 그런가?

성령께서 마땅히 차지하셔야 할 자리를 인간의 노력과 육체가 차지하고 있기 때문이다. 갈라디아교회가 그랬고 고린도교회가 그랬다. 그래서 사도 바울은 그들에게 이렇게 말했다.

> 형제들아 내가 신령한 자들을 대함과 같이 너희에게 말할 수 없어서 육신에 속한 자 곧 그리스도 안에서 어린 아이들을 대함과 같이 하노라 고전 3:1

바울이 그의 서신들 중간중간에 분쟁과 파당 때문에 그들을 자주 책망하고 정죄해야 했던 것을 여러분들은 알 것이다.

3. 성령의 열매가 부족한 것

이번에는, 갈라디아교회와 같은 교회 혹은 성도가 육체의 힘으로 하나님을 섬긴다는 증거, 즉 성령으로 시작했다가 육체로 마치는 증거나 표시가 무엇인가 하는 문제를 보자.

대답은 아주 간단한다. 신앙적인 자기 노력은 언제나 죄악된 육체로 끝난다는 사실이다.

갈라디아 교인들의 상태가 어떠했는가?

그들은 율법의 행함으로 의롭다 함을 얻으려고 했다. 그러면서도 그들은 서로 싸우고 헐뜯었다. 그들에게 사랑이 결핍되었다는 바울의 표현을 세어보면 열두 가지가 넘을 것이다. 시기와 질투, 혹독함과 분쟁 등 여러 가지 표현들이 거론되고 있다.

그런 표현들은 갈라디아서 4장과 6장에서 발견된다. 자신의 힘으로 하나님을 섬기려 하다가 실패하는 모습이다. 결국 그들의 신앙적인 모든 노력은 무산되고 말았다. 죄의 세력과 죄악된 육체가 그들보다 우세하기 때문에 그들의 형편은 상상할 수 없을 정도로 비참했다.

이런 사실은 우리들로 하여금 말할 수 없는 비장함을 갖게 한다. 교회 도처에서 정직함과 경건함의 수준이 형편없이 떨어지고 있으며 교인들도 이것을 고백하고 있는 실정이다. 교회 안에 비정함과 사나움, 날카로움, 혹독함, 시기, 질투, 성냄 그리고 교만과 같은 죄악들이 가득 차 있는 것을 볼 때 이렇게 탄식하지 않을 수 없다.

"하나님의 어린양의 성령이 계시다는 증거가 어디 있는가?"

"부족하다. 슬프게도 부족하다!"

많은 사람들은 이것이 우리의 약함 때문에 생기는 결과이기에 스스로 어쩔 수 없다고 말해 버린다. 이것들을 죄라고 하면서도 이를 극복할 것이라는 소망은 포기해 버렸다. 그들은 교회에서 이런 일들에 대해 말하지만 그것들이 언젠가는 변화될 것이라는 최소한의 희망조차 갖지 있지 못하다.

근본적인 변화, 즉 그리스도인들의 심령 가운데 숨어

있는 죄나, 종교활동 혹은 자력으로 하나님을 섬기려는 노력 가운데서 나타나고 있는 모든 죄가 다 육체로부터 나오는 것임을 교회가 볼 수 있기까지는 소망이 없다. 이러한 점을 고백하고 또 어떻게 하든지 성령의 능력을 회복하기까지는 실패할 수밖에 없다.

오순절에 교회는 무엇으로 시작했는가?

그들은 성령으로 시작했다.

그러나 그 다음 세기의 교회는 육체로 탈선하지 않았는가!

그들은 육체로 교회를 완전하게 할 줄 알았다.

종교개혁이 이신득의의 교리를 완성했다고 해서 성령의 능력이 충만하게 회복되었다고 생각하지 않기를 바란다. 이 마지막 때에 하나님께서 그의 교회에 자비를 베풀어 주실 것을 믿는다면, 성령에 관한 진리와 교리를 연구하고 전심으로 성령 받기를 추구할 뿐만 아니라 교역자들과 회중들이 겸손하게 엎드려 회개해야만 한다.

> 우리가 성령을 슬프게 해드렸습니다. 우리는 교회에서 성령의 능력을 가능한 한 약하게 하려고 했습니다. 그리고 성령 충만한 교회가 되기를 노력하지 않았습니다.

교회가 그렇게 약한 것은 하나님께 순종하기를 거절했기 때문이다. 아마도 여러분은 "우리가 너무 약하고 무능하기 때문에 아무리 순종하려고 노력하고 또 맹세해도 어쩔 수 없이 실패했노라"고 푸념할지도 모른다. 그러나 여러분이 실패한 것은 하나님의 능력을 받아들이지 않았기 때문이다. 하나님 한 분만이 여러분의 심령 가운데 하나님의 뜻을 이루실 수 있다. 여러분은 하나님의 뜻을 이룰 수 없고 오직 그의 성령께서 하실 수 있다.

교회와 성도가 이 진리를 깨닫고 인간적인 노력으로 하나님의 뜻을 이루려고 하는 것을 멈추고, 성령이 그의 모든 전능하신 능력으로 임하실 때까지, 교회는 하나님이 원하시고 만들고자 하시는 대로 되지 않을 것이다.

4. 성령께 맡기는 것

마지막으로 회복할 방법에 대해서 생각해 보자.

방법은 매우 간단하고 쉽다. 그것은 탈선 지점으로 돌아오는 것이다. 갈라디아 교인들도 그들이 잘못 가기 시작했던 바로 그 지점으로 돌아오는 방법밖에 없었다. 다시 말하면 자기들의 힘으로 온갖 종교적인 노력을 기울였던 데서 돌이키고 또 스스로 어떤 일을 추구했던 것으로부터 돌이켜 자신을 겸손하게 성령님께 굴복시키는 것이다. 개인적으로도 이것 외에 다른 방법이 있을 수 없다.

"아아, 내 인생은 성령의 능력을 너무 몰랐습니다"라고 마음으로 고백하는 형제자매들이 있는가?

참으로 영원하신 성자께서 이 땅에 오사 기적을 행하시고, 갈보리 언덕에서 속죄의 죽음을 죽으심으로 말미암아 그분의 보배로운 피로써 구속을 완성하셨듯이, 성령께서 여러분의 심령 가운데 찾아오사 거룩케 하시는 능력으로 여러분을 깨끗하게 하며 또 하나님의 거룩하신 뜻을 이루게 하실 뿐만 아니라 여러분의 심령 가운데 기쁨과 능력으로 충만케 채워주실 것이다.

그런데 슬프게도 우리는 이 사실을 잊어버리고 성령을 근심하게 하며 영화롭게 하지 못하고 오히려 그의 사역을 수행하지 못하도록 방해만 해왔다. 그러나 하늘에 계신 아버지께서는 자녀들에게 성령으로 충만케 하시기를 기뻐하신다. 하나님은 개인에게 개별적으로 성령 주시기를 원하시며 또 매일의 생활 가운데 성령의 능력을 제공하신다. 하나님은 그의 자녀인 우리들이 일어나 그 앞에 죄를 고하며 그의 긍휼을 간구하기 원하신다.

그런데도 여러분은 성령으로 시작한 것을 육체로 마치려는 어리석음을 멈추지 않겠는가?

이 점을 부끄럽게 여기고 지금까지 우리가 육체에 속한 신앙생활을 해온 것과 이기적인 노력, 자만심이 모든 실패의 원인이었음을 솔직하게 고백할 수 있어야 한다.

나는 때때로 초신자들에게서 이런 질문을 받는다.

"저는 왜 실패합니까? 진심으로 엄숙한 서약을 하고 하나님을 섬길 열심도 있었는데 왜 실패합니까?"

그런 질문에 대해서 나는 항상 이렇게 대답한다.

"형제여! 당신의 심령 가운데서 그리스도만이 하실 수 있는 일을 스스로의 힘으로 하려고 노력했기 때문입니다."

때로 그들은 그리스도만이 그 일을 하실 수 있음을 믿고 자기 자신을 전혀 신뢰하지 않았다고 주장한다. 하지만 나는 또다시 말하곤 한다.

"당신은 자신을 믿었기 때문에 실패할 수밖에 없었지요. 만일 당신이 그리스도만을 신뢰했더라면 결코 실패할 수 없었을 것입니다."

"성령으로 시작하였다가 육체로 마치려 한다"는 말에는 우리가 아는 것보다 더 깊은 의미가 있다. 우리가 철저하게 부끄러워하는 마음과 빈 마음이 되었을 때가 위로부터 오는 축복을 받을 준비가 된 때임을 깨달아 알 수 있도록 하나님께 기도하자.

그래서 나는 여러분에게 다음 두 가지 질문을 하고 싶다.

사랑하는 형제자매와 복음 사역자들이여!

여러분은 성령의 능력 아래 살고 있는가?

여러분은 여러분의 사역과 삶에서 하나님 앞에 과연 성령 충만으로 기름 부음받는 삶을 살고 있는가?

오, 형제자매들이여!

우리의 자리는 두려운 곳이다. 우리는 하나님이 우리를 위해 행하실 것을 사람들에게 보여줘야 한다. 말과 가르침이 아니라 우리의 삶으로 보여줘야 한다. 그렇게 할 수 있도록 하나님이 도우신다.

그리스도의 교회의 모든 지체들과 신자들에게 묻고 싶다.

여러분은 성령의 능력 아래서 날마다 살고 있는가?

아니면 성령의 능력 없이 살려고 하는가?

자신을 포기하고 성령의 능력만 의지하기로 결단했는가?

성령이 없이 자신의 힘을 의지함으로 인한 모든 혈기의 실패와 모든 말의 실폐를 고백하기 바란다.

이제 자신을 온전히 성령께 드리지 않겠는가?

만일 여러분의 대답이 '아니오'라면, 나는 두 번째 질문을 드려야겠다.

당신은 헌신하기를 원하는가?

당신은 성령의 능력에 당신 자신을 드리기를 원하는가?

당신은 헌신의 인간적 측면이 당신을 도울 수 없음을 잘 알 것이다. 여러분은 여러분 존재의 열심으로 헌신할 수 있을지 모르지만, 그것은 여러분에게 도움이 되지 않을 것이다. 여러분에게 소용되는 것은 오직 하나님이 하늘로부터 여러분을 받으시고 여러분의 헌신을 인치시는 것이다.

이제는 여러분 자신을 성령께 드리기를 원하는가?

여러분은 지금 당장 그렇게 할 수 있다. 여러 면에서 불투명하고 이해할 수 없으며 아무런 느낌이 없을지라도 하나님 앞에 엎드리기만 하면 된다. 하나님만이 변화를 일으키실 수 있다. 오직 우리들에게 성령을 주신 하나님만이 우리의 생명 속에 성령의 능력으로 우리의 속사람을 강건케 하실 수 있다.

하나님께 희생하고 모든 것을 드리며 부르짖어 기도하는 모든 사모하는 심령에 응답이 올 것이다. 축복은 멀리 있지 않다. 우리 하나님은 우리를 돕기를 기뻐하신다. 우리가 성령으로 시작한 것을 육체로 마치지 않고 성령으로 마치도록 인도하실 것이다.

제11장 하나님의 능력으로 보호하심을 받음

우리 주 예수 그리스도의 아버지 하나님을 찬송하리로다 그의 많으신 긍휼대로 예수 그리스도를 죽은 자 가운데서 부활하게 하심으로 말미암아 우리를 거듭나게 하사 산 소망이 있게 하시며 썩지 않고 더럽지 않고 쇠하지 아니하는 유업을 잇게 하시나니 곧 너희를 위하여 하늘에 간직하신 것이라 너희는 말세에 나타내기로 예비하신 구원을 얻기 위하여 믿음으로 말미암아 하나님의 능력으로 보호하심을 받았느니라 벧전 1:3-5

본문에서 우리는 성도가 보호하심을 받되 구원을 얻기까지 보호하심을 받음에 관한 아주 놀랍고 복된 진리의 말씀을 두 가지를 발견할 수 있다. 그중 하나는 하나님의 능력으로 보호하심을 받는 것이고 다른 하나는 믿음으로 보호하심을 받는 것이다.

우리는 두 가지 측면을 보아야 한다. 하나님과 그분의 전능하신 능력의 측면에서 하나님은 날마다 그리고 매 순간 우리의 보호자가 되어주신다. 인간의 측면에서 우리는 하나님께서 우리를 보호하실 것으로 믿는 것 외에 할 일이 없다. 우리는 거듭남으로 말미암아 우리를 위해서 간직해 둔 영원하신 기업을 받아 누리고 이 땅에 사는 동안에 하나님의 능력으로 보호하심을 받는다. 다시 말해서 우리는 두 가지 기업을 받아누리게 되는데, 하늘의 복과 땅의 복이 바로 그것이다.

하나님이 지키시는 것 중에 첫째는 의심할 것도, 문제 될 것도 없다. 하나님이 하늘에 있는 기업을 놀랍고도 완전하게 지키고 계시기 때문에 그것은 참으로 안전하다. 바로 그 하나님께서 그 기업을 받도록 나를 보호하신다.

나는 그것을 이렇게 이해한다. 어떤 아버지가 자기 자녀들에게 줄 기업을 애써서 지키면서도 장차 그 기업을 받을 자식들을 보호하지 않는다면 그 아버지는 대단히 어리석은 것이다. 모든 시간을 들이고 많은 희생을 감수

하여 돈을 축적하고 있는 어떤 사람에게 "무엇 때문에 그러느냐"라고 물을 때, 그가 "자녀들에게 막대한 유산을 물려줄 작정이오. 그래서 이 재산을 잘 지키고 있는 중이지요"라고 대답하면서도 자녀 교육은 전혀 시키지 않고 그들이 거리를 배회하여 죄와 무지와 어리석음에 빠지게 한다면 도대체 여러분은 그 사람을 어떻게 생각하겠는가?

여러분은 이렇게 말하지 않겠는가?

> 불쌍하구나! 자녀들에게 물려줄 재산은 지키고 있으면서도 정작 그 재산을 물려받을 자식들은 지키지도 못하고 또 준비시키지도 못하다니 그는 참으로 어리석은 사람이 아닌가?

그리스도인들 가운데서도 하나님께서 자신을 위해 기업을 예비해 두신 것은 믿지만 자기 자신을 지켜주신다는 사실은 믿지 못하는 사람들이 많다. 하나님은 우리를 위해 기업을 예비하고 계신다. 바로 그 하나님께서 같은 능력과 같은 사랑을 가지고 이 두 가지의 일을 수행하고 계신다는 것이다.

우리는 두 가지의 간단한 진리를 이미 생각해 보았다. 하나님 편에서는 능력으로 우리를 보호하심이요, 인간 편에서는 믿음으로 우리가 그의 보호하심을 받고 있다는 것이 바로 그것이다.

이제 **첫째** 단계로서 하나님 편, 다시 말해서 하나님의 능력으로 보호하심을 받는 진리에 대해서 생각해 보자.

1. 하나님의 능력으로 보호하심을 받는다

모든 것을 보호하신다

하나님의 보호하심은 모든 것을 포함한다.

구체적으로 무엇이 보호하심을 받는가?

바로 여러분 자신이다.

그렇다면 어느 정도로 보호를 받는가?

전인 全人이 보호를 받는다.

하나님께서 일부는 보호하시고, 다른 부분은 버리시겠는가?

결코 그럴 수 없다.

어떤 사람은 이것이 모호하고 일반적인 보호하심이라고 생각한다. 그들이 죽어 천국에 갈 때까지 하나님이 그렇게 보호하신다고 생각한다. 그들은 하나님께서 지키신다는 말씀을 사람의 존재와 성품 전부에 해당하는 것으로 믿지 못한다. 그러나 하나님은 전인을 보호하기를 원하신다.

여기 나에게 손목시계가 있다. 그런데 이 시계는 내

친구에게 빌린 것이고 그 친구는 시계를 빌려주면서 이 렇게 말했다고 가정해 보자.

"자네가 유럽에 갈 때 그 시계를 가져가도 좋네. 하지만 잘 간수했다가 돌려줘야 해."

그런데 내가 그 시계를 잘못 간수해 고장이 나서 못쓰게 된 채로 되돌려 준다면 그 친구가 이렇게 항의하지 않겠는가?

"나는 자네가 내 시계를 잘 간수하겠다는 조건하에 그것을 빌려준 것일세."

"내가 잘못 간수했다고?

자, 자네 시계가 여기 있네."

내가 그에게 말한다면 그는 다음과 같이 대답할 것이다.

"그런 식으로 간수하라고 한 것이 아닐세. 자네는 지금 시계 껍데기와 부서진 조각만 가지고 오지 않았는가?

나는 자네가 시계 부속품의 하나도 망가지지 않도록 전부를 다 잘 간수할 것이라 기대했었네."

하나님도 이런 식으로 우리를 보호하시다가 어떻게 해서 우리가 겨우 불 가운데서 구원을 얻는 것처럼 천국에 들어가기를 원치 않으신다. 하나님의 보호하시는 능력은 우리의 전인에 세밀하게 미친다.

혹자는 하나님께서 영적인 것은 지켜주시지만 현실적

인 것은 지켜주지 않으신다고 믿는다. 후자는 하나님의 영역 밖의 일이라고 말한다.

그러나 하나님이 우리를 세상에 보내시면서 "내가 너를 떠나보내노니 스스로 돈을 벌어 생계를 꾸려나갈지니라"라고 하셨단 말인가?

하나님은 여러분이 스스로 자신을 지켜 나갈 수 없음을 잘 알고 계신다. 그래서 하나님은 말씀하신다.

> 내 아들아, 네가 해야 할 일도 없고, 네가 종사할 사업도 없으며, 네가 지불해야 할 돈도 없다. 나 곧 네 아버지가 그것들을 할 것이다.

하나님은 영적인 일들만 보살펴 주시는 것이 아니라 현실적인 일도 보호해 주십니다. 대부분의 생애를 사업상의 유혹과 혼란 속에서 보내는 사람들이 많다. 그러나 하나님은 여러분을 위해 모든 것을 지켜주신다.

시련이 올 때는 하나님의 보호하심이 필요하지만 사업이 번창할 때는 하나님의 보호하심이 필요없고 또 그를 망각하고 살아도 좋다고 생각하는 사람들이 있다. 그리고 그와 정반대로 생각하는 사람들도 있다. 만사가 순조롭게 잘 되어 번영할 때는 하나님을 의지할 수 있지만 무서운 시련이 닥쳐오거나 자신의 뜻과 어긋나는 일이 생길 때는 하나님께서 자신을 지켜주시지 않는다고 생각한다.

하지만 나는 여러분이 역경 중에 있을 때와 마찬가지로 번영할 때에도, 그리고 어두운 곳에서와 마찬가지로 광명한 데서도 하나님은 여러분을 줄곧 지키실 준비가 되어 있는 분이심을 밝히고 싶다.

그런데 또 어떤 사람들은 하나님께서 큰 악을 행치 않도록 지켜주시지만 사소한 죄까지는 간섭하시지 않는다고 생각해 버린다. 여러분은 아마도 다른 사람이 유혹을 받아 방탕한 길로 나가서 주정뱅이가 되든지 아니면 사람을 죽이는 죄를 범하는 것을 보면서 자기를 보호해 주신 하나님께 감사할지도 모른다.

하나님께서 지켜주시지 않았더라면 자기도 그 사람처럼 어리석은 일을 저질렀을 것으로 생각한다. 하나님께서 자신으로 하여금 주정뱅이나 살인자가 되지 않도록 보호해 주셨다고 믿는다는 말이다.

그런데 여러분이 불쑥 성내는 데서도 하나님이 여러분을 보호해 주실 수 있음을 믿지 못한다는 말인가?

여러분은 그것이 별로 중요하지 않다고 생각할 것이다. 신약성경이 가르쳐 주고 있는 큰 명령이 바로 "내가 너희를 사랑한 것같이 너희도 서로 사랑하라"는 말씀임을 기억하지 못하기 때문이다. 성내고 마구 비판하며 날카로운 말을 하는 것 자체가 바로 하나님의 사랑의 법인 최고의 법을 어기는 것이다.

그러면서 그들은 하나님께서 그런 정도는 상관치 않으시며 또 그런 것으로부터 자신을 보호해 주실 여유도 없다고 말한다. 혹시 하나님께서 그렇게 하실 수 있어도 자기 심령 가운데 도달할 수 없는 그 무엇이 있는데 하나님이 그것을 제거하시지 않는다는 것이다. 한 가지 중요한 질문을 하겠다.

신자들은 과연 불신자들보다 더욱 성결한 삶을 살 수 있는가?

신자들은 하나님의 보호하시는 능력을 날마다 체험할 수 있는가?

신자들은 하나님과 계속 교제를 나눌 수 있는가?

여기에서 나는 "하나님의 능력으로 보호하심을 받는다"는 그 말씀을 여러분에게 다시 한번 상기시켜 주고 싶다. 이 구절의 말씀은 그들에게만 제한된 말씀이 아니다. 말하자면 여러분도 자신을 하나님의 전능하심에 전적으로 그리고 온전하게 맡긴다면 하나님께서 기꺼이 여러분을 보호해 주신다는 말이다.

그럼에도 불구하고 자기의 입으로부터 나오는 말 한마디 한마디가 하나님께 영광을 돌릴 수 있겠는가 의심하는 사람들도 있다. 그러나 하나님은 이것을 원하시며 또 기대하고 계신다. 하나님은 우리의 입술에 파수꾼을 세우시고, 할 수만 있으면 우리의 입술과 혀를 지키시려고 하신다. 하나님은 자기를 신뢰하는 자들에게 그렇게 해주시기를 기뻐하신다.

하나님의 보호하심 속에는 이 모든 것이 포함된다. 하나님은 여러분으로 하여금 범죄하지 않도록 지켜주실 것이다.

보호하심에는 능력이 필요하다

하나님의 보호하심에 대해서 바로 이해하기를 원한다면, 그의 보호하심이 모든 것을 다 포함하는 보호하심일 뿐만 아니라 전능한 보호하심이라는 점을 기억해야 할 것이다.

나는 그 진리를 내 영혼 깊이 새기고 싶다. 나의 온 마음이 그의 전능하심에 대한 생각으로 가득하기를 원한다. 하나님은 전능하신 분이시다. 그 전능하신 하나님이 내 안에서 일하시고 나를 보호하시기 위해 자신을 내어주신다. 나는 그 전능하심, 아니 차라리 전능자요 살아계신 하나님과 연결되어 그분의 거룩하신 손에 붙들리고 싶다.

여러분은 시편에서 다윗의 시를 대하게 될 때 놀라운 생각을 갖게 될 것이다. 예를 들어 그는 하나님을 우리의 하나님, 우리의 요새, 우리의 피난처, 우리의 망대, 우리의 힘 그리고 우리의 구원이라고 노래했다. 다윗은 영존하시는 하나님께서 믿는 자들의 피난처가 되시며 또 그들을 그의 손과 날개와 깃털로 안전하게 보호하신다는 사실을 아주 놀랍게 표현했다. 그리고 다윗은 바로 그곳에서 살았다.

더욱이 우리는 오순절의 백성이요 또 그리스도와 그의 보혈, 그리고 하늘로부터 내려오신 성령을 알고 있는 자들로서 전능하신 하나님께서 발걸음마다 우리를 지켜주시는 분임을 어찌 깨닫지 못하고 있는가?

여러분의 심령 가운데 나타난 모든 은혜가 바로 여러분에게 복을 주시려고 역사하신 하나님의 전능하심 때문임을 생각해 본 적이 있는가?

혹시 어떤 부자가 나에게 100달러를 사례금으로 주면 나는 그것을 가질 수 있다. 하지만 그는 자신의 재산 가운데 일부를 나에게 주었을 뿐이고 나머지는 자신을 위해서 보관해 둘 것이다. 그러나 하나님은 이런 식으로 능력을 나누지 않으신다. 하나님은 결코 자신의 능력을 쪼개지 않으신다.

그러므로 나는 하나님과 접촉하여 교제를 나눔으로써 그의 능력과 선하심을 경험할 수 있고 또 하나님과 교통할 때 그의 전능하심에 연결될 수 있을 뿐만 아니라 그의 전능하심이 매일매일 나를 보호하실 수 있다는 사실이다.

돈 많은 아버지의 아들이 사업을 시작할 때에 아버지는 자식에게 "네가 사업에 필요한 만큼 많은 돈을 주겠다"고 격려할 것이다. 아버지의 모든 재산은 아들의 뜻에 달려 있다. 전능하신 하나님도 마찬가지이다. 여러분은 하나님의 전능하심을 다 수용할 수 없다. 오직 자신이 벌레와 같이 미천함을 느낄 것이다.

그런 벌레를 보호하시는 데 전능하심이 필요할까?

그렇다. 땅속에서 살고 있는 작은 벌레를 지키는 일에도 하나님의 전능하심이 필요하고 우주를 섭리하는 일에도 그렇다. 더군다나 여러분과 나를 죄의 세력으로부터 구원하는 일에는 더욱 하나님의 전능하심이 필요하다.

은혜 가운데 자라기를 원하는가?

그렇다면 모든 판단과 묵상, 생각과 행위, 의문과 연구 그리고 기도 가운데서 전능하신 하나님의 보호하심을 학습하기 바란다.

자기를 신뢰하는 자녀를 위해 하나님께서 못하실 일이 무엇이겠는가?

성경은 우리에게 하나님을 "우리가 구하거나 생각하는 모든 것에 더 넘치도록 능히 하실 이"엡 3:20 라고 소개하고 있다. 우리가 하나님의 전능하심을 마땅히 알고 믿을 때 그리스도인으로서 합당한 삶을 살 수 있을 것이다.

우리가 지금까지 하나님에 대해 것이 얼마나 적은가!

경건한 삶은 참으로 하나님으로 충만한 삶이며, 하나님을 사랑하고 하나님을 기다리며 하나님을 신뢰하고 그로 축복하게 해드리는 삶이다. 우리는 하나님의 능력 없이 그의 뜻을 행할 수 없다.

하나님은 우리가 하나님 자신의 능력을 한번 체험케 하심으로써 더 큰 능력을 기대하게 하시며 또 하나님께서 하실 수 있는 모든 것을 간구하도록 섭리하신다. 하나님은 우리가 그를 매일 신뢰하면서 살 수 있도록 우리를 도우신다.

하나님의 보호하심은 지속적이다

하나님의 보호하심은 모든 것을 다 포함하는 전능하신 보호일 뿐 아니라 계속적이고 끊임없는 보호하심이다. 사람들은 때때로 이렇게 말한다.

> 한 주일 혹은 한 달 동안은 하나님께서 저를 놀랍도록 보호해 주셨습니다. 날마다 그의 얼굴 빛 안에서 사는 것 같았으며 그분과 교제하는 것은 참으로 기쁜 일이었습니다. 그리고 때로는 내가 독수리의 날개를 타고 하늘로 올라가는 듯한 영적 체험도 하였습니다. 그런데 그것이 오래가지는 않더군요. 너무 좋기 때문에 오랫동안 지속될 수 없나 봅니다.

또 다른 사람들은 자신이 겸손하게 되기 위해서는 한 번쯤 넘어질 필요가 있다고 주장한다. 그런가 하면 자신의 잘못 때문에 항상 최상의 삶을 살 수 없다고 말하는 사람들도 있다.

그러나 하나님께서 계속적이고 끊임없는 보호를 기피하실 이유가 없지 않은가?

한번 생각해 보라. 모든 생명은 끊임없는 지속성 가운데 있다. 혹시 나의 생명이 30분 정도만 정지 상태에 들어간다면 나는 죽을 것이고 생명은 끝나고 말 것이다.

생명은 지속적인 것이다. 하나님의 생명은 곧 그의 교회의 생명이요, 하나님의 생명은 우리 속에서 역사하시는 그의 전능하신 능력이다. 우리에게 전능자로 찾아오시는 하나님은 어떤 상황에서도 우리들의 보호자이시다. 하나님이 우리를 보호하신다는 것은 날마다 순간마다 우리를 지켜주신다는 뜻이다.

"하나님께서 하루 동안 여러분을 실제적인 범죄에서 지켜주실 수 있다고 생각하십니까?"

이 질문에 여러분들은 이렇게 대답할지도 모른다.

나는 그분이 그렇게 하실 수 있음을 알고 있을 뿐만 아니라 지금까지 그렇게 해오셨다고 생각합니다. 하나님께서는 오랫동안 그분의 거룩하신 임재 안에서 나의 마음을 지키셨습니다. 내 안에 항상 죄의 본성이 자리잡고 있음에도 하나님은 의식적이며 실제적인 죄에서 나를 보호해 주셨습니다.

하나님께서 한 시간, 혹은 하루 동안 지켜주셨다면 이틀은 왜 안 되겠는가?

하나님의 말씀 가운데 계시된 대로 그의 전능하심은 여러분의 기대를 초월한다.

> 나 여호와는 포도원지기가 됨이여 때때로 물을 주며 밤낮으로 간수하여 사 27:3

이 말씀은 무엇을 뜻하는가?

"때때로"는 "매 순간"every moment, KJV-역주 을 의미하는 것이 아닌가?

하나님께서 포도원지기가 되어 때때로 물을 주심으로 말미암아 뜨거운 햇볕과 더운 바람에도 가지가 마르지 않도록 보호하시겠다고 약속하지 않으셨는가?

남아프리카에서는 접목할 때 그 위에 물병을 달아두어서 이따금씩 물방울이 떨어져 수분을 공급한다. 그리하여 접목 부분에 끊임없이 수분을 공급함으로써 그것을 떼어낼 때 태양열을 견딜 수 있게 한다는 것이다.

하나님께서 그렇게 하시겠다고 약속했으니, 그의 자비하신 사랑의 마음으로 우리를 지켜주시지 않겠는가?

'우리의 신앙생활 전부는 하나님께서 친히 하시는 것이며 또 우리 속에서 역사하시는 이는 하나님이니 그의 기쁘신 뜻을 위해 행하신다'는 생각을 갖게 된다면 우리는 하나님께서 역사해 주실 것을 믿을 것이고 또 하나님이 우리를 위해 역사해 주실 것이다.

하나님의 보호하심은 계속적이다. 우리는 아침에 일어날 때마다 하나님을 만날 수 있다. 만일 일어날 때 하나님을 생각하지 않는다면 하나님은 아침마다 거룩한 빛과 사랑으로 여러분에게 찾아오실 것이며 '오늘도 하나님께서 능력으로 나를 보호하시는구나'라는 생각을 갖도록 하실 것이다.

그리고 하나님은 다음날도 끊임없이 여러분을 만나주실 것이므로 혹시 하나님과 교통을 못한 때가 있다고 낙심할 필요는 없다. 오직 여러분의 태도를 굳게 하고 그 전능하신 분이 매일매일 자신을 완벽하게 지켜주실 것으로 확신하라. 그러면 여러분의 신앙은 더욱 강건해질 것이며 하나님께서 끊임없이 보호해 주시는 능력을 의식하게 될 것이다.

이번에는 보호하심의 **둘째** 단계, 즉 인간 편에서 믿음으로 하나님의 보호하심을 받는 것에 대해 알아보자.

2. 믿음으로 보호하심을 받는다

우리는 이 믿음을 어떻게 보아야 하는가?

믿음은 무능함 helplessness 이다

무엇보다 믿음이란 하나님 앞에서 전적인 무능함과 어쩔 수 없음을 의미한다. 모든 믿음의 근거에는 무능력에 대한 인식이 있다.

만일 나에게 처리해야 할 사업 문제, 이를 테면 집을 사야하는 하는 문제가 있다면 부동산 양도 취급인이 내 이름으로 부동산 등기 이전과 기타 모든 절차를 다 밟는다. 내가 할 수 없다. 그 중개인에게 모든 것을 맡김으로써 내가 할 수 없음을 고백하는 것이다.

믿음 또한 이렇게 무능함을 뜻한다. 많은 경우 온갖 수고를 무릅쓰면 자신도 할 수 없는 것은 아니지만 다른 사람이 더 잘할 수 있다고 믿는다. 그러나 대개는 자신이 할 수 없고 다른 사람이 자기를 위해 해주어야 한다고 생각하는 이것이 바로 영적 생활의 비결이 된다는 사실이다.

그리스도인이라면 모든 것을 포기하고 노력하며 간구하고 사색하면서 기도하지만 실패할 때가 있고, 하나님께서 해주시고 보호해 주시지만 죄와 슬픔이 아직도 많다는 사실을 터득할 수 있어야만 한다. 결국 자신의 무능력과 절망의 구렁텅이로 빠져들어가 "나는 아무것도 할 수 없습니다"라고 고백할 때 비로소 얼마나 큰 변화가 있게 되는지를 배워야 한다는 말이다.

바울을 생각해 보자. 그는 참으로 행복한 삶을 살았다. 삼층천에 이끌려 간 경험도 했다. 그런데 육체의 가시 곧 사단의 사자가 그를 찾아왔다.

어떤 일이 생겼는가?

바울은 이해할 수 없어서 세 번씩이나 하나님께 그것을 고쳐달라고 간절히 기도한 바 있다.

그런데 주님은 "아니다. 네가 교만해질 것 같아 겸손을 가르쳐 주기 위해 너에게 시련을 준 것이다"라고 말씀하시지 않았는가?

그때 바울은 결코 잊을 수 없는 교훈을 받았는데, 능력이 약한 데서 온전해지는 즐거움을 맛보았던 것이다. 그래서 바울은 이렇게 고백할 수 있었다.

> 그러므로 내가 그리스도를 위하여 약한 것들과 능욕과 궁핍과 박해와 곤고를 기뻐하노니 이는 내가 약한 그 때에 강함이라 고후 12:10

여러분은 소위 '더 나은 생활'로 들어가길 원하는가?

그렇다면 한 발 더 낮은 곳으로 내려가야 한다. 나는 보드만 박사의 이야기를 기억한다. 한번은 그가 한 신사의 초대를 받아 산탄을 만드는 공장에 갔다. 내가 알기에 일꾼들은 매우 높은 곳으로부터 녹인 납을 쏟아부음으로써 그렇게 하였다.

이 신사는 보드만 박사를 탑 꼭대기로 데려가 그 일이 어떻게 되는지를 보여주기를 원했다. 탑으로 가서 문으로 들어간 박사는 위쪽으로 올라가려고 했다. 그러나 그가 몇 발걸음을 갔을 때 신사가 그를 불렀다.

"그쪽은 잘못된 길입니다. 이쪽 길로 내려가셔야 합니다. 그쪽 계단은 잠겨 있습니다."

신사는 그를 데리고 상당히 많은 계단을 내려갔다. 그리고 바로 거기에 꼭대기로 가는 엘리베이터가 있었다. 박사는 말했다.

"내려가는 것이 올라가기 위한 최선의 방법이라는 교훈을 배웠습니다."

그렇다. 하나님은 우리를 매우 낮은 곳으로 데려가실 수도 있다. 그리고 바로 그곳에서 공허감과 절망과 아무것도 아닌 느낌이 들게 하실 수 있다. 우리가 무능력하다고 느끼는 지점에서 하나님은 능력으로 자신을 나타내시고 우리 마음은 하나님만 신뢰하는 것을 배우게 될 것이다.

우리들이 하나님을 온전하게 신뢰할 수 없도록 만드는 것이 무엇인가?

많은 사람들이 이렇게 말한다.

나는 당신이 하시는 말씀을 믿습니다. 그러나 한 가지 어려움이 있습니다. 내가 하나님을 온전히 신뢰하며 언제나 그 안에 거하면, 만사가 순조롭게 해결될 것입니다. 왜냐하면 하나님은 믿음을 귀하게 보실 것을 알기 때문입니다.

그런데 어떻게 그런 믿음을 얻을 수 있습니까?

나의 대답은 이렇다.

자아를 죽임으로써 가능합니다. 하나님을 신뢰하지 못하게 만드는 가장 큰 방해물은 바로 자기 노력입니다. 당신이 자신의 지혜와 생각과 능력을 신뢰하는 한 하나님을 온전히 신뢰할 수 없습니다. 그러나 하나님께서 여러분을 부수어 버리시고 모든 것이 암담하게 되어 무엇이 무엇인지 전혀 이해할 수 없을 그때 하나님은 여러분에게 접근하실 것이다. 그리고 여러분이 무릎 꿇고 자신의 무력함을 인정할 뿐 아니라 또 하나님을 앙망할 때 하나님은 여러분의 전부가 되어주실 것입니다.

우리가 무언가가 되는 한 하나님은 결코 여러분의 전부가 되어주시지 않으며 그의 전능하신 능력도 역사하지 않는다. 자신에 대해서 철저하게 절망하고 또 인간적이고 세속적인 것은 끊어버릴 뿐 아니라 하나님께만 소망을 두는 것이 바로 믿음의 시작이다.

믿음은 안식 rest 이다

우리는 믿음이 안식임을 알아야 한다.

신앙생활의 초기에 믿음은 하나의 투쟁이다. 투쟁하는 한, 믿음은 그 능력을 발휘할 수 없다. 하지만 믿음이 투쟁을 끝내고 하나님께 자신을 맡기고 의지하면 기쁨과 승리가 찾아온다.

케직사경회가 시작된 이야기를 말함으로써 그것을 좀 더 명백히 할 수 있을 것 같다. 캐논 배터스비 Canon Battersby 목사는 폭 넓고 상냥하며 경건한 분으로서 20년 이상이나 복음적인 영국교회의 목회자로서 수고했지만, 안식과 죄에 대한 승리를 알지 못해 넘어지고 실패하며 범죄하는 문제를 놓고 슬퍼한 바 있다. 승리의 가능성에 대한 말씀을 듣고 그것을 바랐지만 자기는 도저히 붙잡을 수 없는 것으로 생각했던 것이다.

한번은 "안식과 믿음" Rest and Faith 이란 제목으로 가버나움에서 가나까지 그리스도를 찾아와서 자기 아이를 고쳐달라고 간구했던 귀인의 믿음에 대한 설교를 듣게 되었다 요 4:47-54. 그 귀인은 그리스도께서 일반적인 방법으로 도와주실 것으로 믿으면서도, 시험 삼아 큰맘 먹고 예수께 나왔다. 그는 예수께서 도와주시기를 바라면서도 거기에 대한 확신은 없었던 것 같다.

그런데 어떤 일이 일어났는가?

그리스도께서 "가라 네 아들이 살아 있다"라고 말씀하셨을 때 그 사람은 주의 말씀을 믿었고, 그 말씀 가운데 안심했다. 그에게는 아들이 완쾌되었다는 증거도 없었고, 또한 그는 7시간이나 걸리는 가버나움까지 걸어가야 했다. 집으로 돌아가는 중에 하인을 만나 전날 오후 한 시쯤에 아들이 완쾌되었다는 소식을 듣고, 열병이 떠난 때가 예수께서 말씀하신 바로 그 시각임을 깨닫게 되었다.

그는 예수의 말씀과 행하심을 믿고 가버나움으로 내려가다가 아들의 치유를 듣게 되어 하나님을 찬양하고 또 나아가서 그의 온 집안이 예수님을 믿고 제자가 되었다. 이것이 바로 신앙이다. 하나님께서 나를 보호하시겠다고 약속하실 때, 내가 비록 세상에서 믿을 것이 아무것도 없지만 하나님의 능력으로 보호하신다는 주의 말씀으로 충분함을 고백할 수 있어야 한다. 그것이 바로 믿음이요 안식이다.

캐논 배터스비 목사는 그날 밤 설교를 듣고 집으로 돌아가 캄캄한 가운데 안식을 찾았다. 그는 예수님의 말씀을 의지하게 된 것이다. 다음날 아침 그는 한 친구를 만나서 "나는 그것을 찾았다네!"라고 증거할 수 있게 되었다. 그는 드디어 케직사경회를 개최하여 그곳에 참석한 모든 사람들에게 이 놀라운 사실을 간증했던 것이다.

유혹을 받을 때나 성날 때 또 성급해지고 화가 나며 무정해지고 교만과 죄악 중에 있을 때에도 사람이 매 순간 전능하신 하나님의 능력에 의지하여 안식할 수 있다는 것은 놀라운 일이다. 실패를 예상할 때 전능하신 여호와의 언약을 기억함이 매우 중요한다. 어떤 사람의 말이나 감정이 아니라 "믿음을 통해 하나님의 능력으로 보호하시겠다"는 하나님의 말씀의 능력을 믿는 것이 중요하다는 말이다.

하나님을 최대한 시험할 것이라고 하나님께 고백해 보라. 그리고 다음과 같이 기도할 수 있기를 바란다.

> 나의 하나님이여! 나의 삶이 하나님의 전능하심을 증거하는 삶이 되게 하시옵소서. 매일 나의 무능함을 깊이 느끼게 하옵시고, 단순하고 어린아이 같은 안식을 누리게 하옵소서.

믿음은 교제 fellowship 하는 것이다

믿음에 대해 한 가지 더 생각할 것은 믿음이 하나님과의 교제를 함축한다는 것이다.

하나님과 그의 말씀은 분리시킬 수 없다. 하나님을 떠나서는 선함이나 능력도 받을 수 없다. 여러분이 선한 삶을 살고 싶다면 하나님과 교제하는 시간을 가져야만 한다.

사람들은 종종 나에게 말한다.

"내 삶이 너무 부산하고 바빠서 하나님과 교제할 시간이 없어요."

한번은 어떤 선교사가 나에게 이렇게 말했다.

> 사람들은 우리 선교사들이 얼마나 많은 시험에 빠지는가를 잘 모릅니다. 나는 아침 5시에 기상하는데도 원주민들은 일거리를 주문받으려고 벌써부터 와서 기다립니다. 그 후에는 또 학교에 가서 여러 시간을 보내야 합니다. 또 다른 일거리가 많이 남아 있기 때문에 하루에 16시간이나 이리 뛰고 저리 뛰어 다녀야만 합니다. 그러다 보니 하나님과 교제하는 시간을 전혀 가질 수가 없더군요.

바로 여기에 부족함이 있다. 나는 하나님의 말씀을 사물로 신뢰하라고 말씀드린 적이 없다. 나는 하나님의 말씀을 서책으로 신뢰하라고 말씀드린 적도 없다. 오히려 나는 당신이 전능하신 하나님과 또 말씀의 하나님 앞에 나아갈 것을 말했던 것이다. 가버나움의 귀인이 살아 계신 그리스도를 신뢰했듯이 우리들도 하나님을 믿을 수 있어야 한다.

그가 어떻게 그리스도의 말씀을 믿을 수 있었는가?

하나님의 아들이신 예수님의 눈을 보고, 그의 억양과 음성을 듣고 또 무엇인가를 느낄 때 그를 신뢰할 수 있게 된 것이다. 그리고 그것이 바로 그리스도께서 나와 당신을 위해 행하실 수 있는 바이다.

여러분들 속에서부터 믿음을 불러일으키려고 하지 마라.

얼마나 자주 나는 그렇게 하려고 해서 나 자신을 조롱거리로 만들었던가?

당신은 당신의 마음 깊은 곳으로부터 믿음을 불러일으킬 수 없다. 당신의 마음이 아니라 그리스도의 얼굴을 바라보아야 한다. 그리고 그분이 우리를 어떻게 지켜주시겠다고 말씀하시는지 귀를 기울여야 한다.

사랑하는 아버지의 얼굴을 바라보고, 매일 그와 더불어 교제의 시간을 가질 그때 아무것도 가지지 못한 빈곤과 가난함의 새로운 삶을 시작할 수 있게 될 것이다. 그리고 결국 살아 계신 하나님, 곧 전능하신 여호와를 의지하는 자에게 주시는 안식을 여러분이 받아 누리게 될 것이다. 또 하나님께서 하늘 문을 열고 쌓을 곳이 없도록 복을 쏟아부어 주시는지 하나님을 시험해 보고 그분을 증거할 수 있게 될 것이다.

마지막으로, 나는 다음 질문으로 본 장을 결론지으려고 한다.

여러분은 하늘의 유업을 위해 하나님의 돌보심을 온전히 경험하기를 원하는가?

언젠가 로버트 M. 맥체인 Robert Murray M'Cheyne 은 이렇게

말했다.

"하나님이여! 나를 용서받은 죄인으로 가능한 한 가장 거룩한 사람이 되게 하여 주시옵소서."

이 기도가 당신의 마음속에 있다면, 오라 우리가 영존하시고 전능하신 여호와 하나님과 새로운 언약관계에 들어가자. 참으로 무력함을 인정하는 가운데, 그러나 큰 안식 가운데 우리 자신을 그분의 장중에 맡기자. 이제 우리가 이와 같은 언약관계에 들어가게 된다면 다음 한 가지 기도를 드리자.

> 영존하시는 하나님이 우리의 친구 되셔서 날마다 순간마다 우리의 손을 잡아주시고, 영존하시는 하나님이 우리의 목자 되셔서 한 순간도 놓치지 않고 우리를 지켜보고 계시며, 또 우리의 아버지 되셔서 우리 마음에 자신을 항상 나타내시기를 기뻐하시는 분이심을 굳게 믿게 하옵소서.

하나님은 매일 사랑의 빛으로 우리에게 비추어 주실 능력이 있는 분이다. 할 일이 많고 책임져야 될 사건이 많기 때문에 하나님을 항상 모시지 못할까 봐 걱정할 필요는 없다. 햇볕이 온종일 비칠 때 여러분이 그것을 만끽할 수 있고, 여러분이 어디에 있든지 그 햇볕을 받을 수 있다는 데서 교훈을 얻으라. 하나님이 그렇게 하시는 것이다.

하나님이 그 거룩하신 빛을 비추실 때 여러분이 그분을 신뢰하기만 하면 여러분은 언제나 그 빛 가운데서 살 수 있다. 그렇게 하시는 하나님을 크고 온전한 믿음으로 신뢰하자.

이것이 하나님의 전능하심이다. 그리고 신앙이란 그 전능하심을 최대한으로 믿는 것이다.

"전능하신 하나님이 할 수 있는 모든 것으로 인하여 나의 하나님을 신뢰합니다"라고 고백하지 않겠는가?

천국 생활의 양면성이 참으로 놀랍지 않은가?

하나님의 전능하심이 나를 덮는다는 사실과 나 자신을 전혀 인정하지 않는 나의 의지가 그의 전능하심을 의지하고 또 기뻐할 수 있다는 사실은 참으로 놀라운 일이 아닐 수 없다.

> 매 순간 나는 그의 사랑으로 보호를 받았고,
> 매 순간 위로부터 오는 생명을 얻었네.
> 예수를 바라보니, 그의 영광 찬연히 빛나도다.
> 언제나 주여, 나는 당신의 것이옵나이다.

제12장 너희는 가지라

나는 포도나무요 너희는 가지라 그가 내 안에, 내가 그 안에 거하면 사람이 열매를 많이 맺나니 나를 떠나서는 너희가 아무 것도 할 수 없음이라 요 15:5

모든 것이 우리가 그리스도와 바른 관계를 맺고 있는가에 달려 있다. 내가 좋은 사과를 얻기 위해서는 좋은 사과나무가 필요하고, 또 사과나무를 건강하게 잘 가꾸어 주면 사과나무는 나에게 좋은 사과를 줄 것이다. 신앙생활도 이와 마찬가지이다. 우리의 생명이 그리스도와 올바른 관계에 있을 때는 만사가 형통하다.

다양한 사역의 분야에서 필요한 지침과 제안과 도움과 훈련은 각기 나름대로 가치가 있다. 하지만 결국 가장 값진 것은 그리스도 안에서 누리는 충만한 삶이다. 다시 말해서 우리는 그리스도를 마음속에 모시고 또 그리스도는 우리를 통해서 일하시는 것이다.

본문의 말씀은 요한복음 15:5에 나오는 '포도나무와 가지의 비유'에서 가져온 것이다.

> 나는 포도나무요 너희는 가지라 요 15:5

나무의 가지나 포도나무의 가지가 되는 것은 얼마나 쉬운 일인가!

포도나무 가지는 포도나무에서 움터 나와 성장하다가 때가 되면 열매를 맺는다. 가지가 할 일은 뿌리와 줄기로부터 진액과 자양분을 빨아들이는 일이다. 우리가 성령의 조명으로 말미암아 예수 그리스도와의 관계를 바로 알면 우리의 일은 이 땅에서 가장 빛나는 천국의 사역이 될 것이다. 그리고 우리의 영혼이 지치고 고갈되는 것 없이 다른 데서 찾아볼 수 없는 주님과의 새로운 관계를 체험하게 될 것이다.

그런데 우리의 일이 종종 우리와 주님 사이를 갈라놓는 거침돌이 된다니 어찌 섭섭한 일이 아니겠는가?

참으로 어리석은 일이다!

주께서 내 안에서 하셔야 하고 또 내가 주를 위해서 해야 할 일을, 나의 잘못으로 그리스도와 자신을 이간시키는 결과로 만들어 버린 것이다.

포도원의 일꾼들은 할 일이 너무 많다고 불평만 늘어놓고 주님과 밀접하게 교제할 시간은 갖지 못하는 경우가 많다. 또 그들이 매일 하는 일은 기도할 마음을 둔화시키고 사람들과 너무 많이 교제하다 보니 영적인 생활은 점점 무뎌지고 있다.

열매를 맺겠다고 하면서 가지를 포도나무에서 분리시키다니 참으로 슬픈 일이 아닐 수 없다. 가지가 열매를 맺는 것으로 보지 않고 오히려 우리가 하는 그 어떤 일에서 열매를 구하고 있기 때문에 나오는 결과라고 볼 수 있다. 하나님께서 신앙생활에 뒤따라오기 쉬운 모든 오류들로부터 우리들을 보호해 주시도록 기도할 뿐이다.

이제 어떻게 하면 우리가 축복된 가지의 삶을 살 수 있는지 몇 가지로 생각해 보자.

1. 온전히 의지하라

가지의 삶은 온전히 의지하는 삶이다.

가지가 가진 것은 아무것도 없다. 가지는 전적으로 포도나무를 의지할 뿐이다. 철저하게 의지한다는 말은 가장 엄숙하고 귀한 말이다. 수년 전에 유명한 독일 신학자 한 분이 부피가 큰 두 권의 책을 썼는데 그 책에서 칼빈의 신학을 총괄하여 "하나님께 절대적으로 의지하는 신앙"이라고 밝혔다.

그는 옳게 보았다. 또 다른 학자는 오직 하나님만을 변함없이 온전히 의지하는 것이야말로 천사와 인간들이 취해야 할 당연한 신앙의 본질이라고 설파했다. 하나님은 천사들에게도 그리스도인들에게도 모든 것이 되어주신다. 우리가 매 순간 하나님 의지하기를 배운다면 모든 것이 잘될 것이다. 그리고 여러분이 하나님을 온전하게 의지한다면 참으로 고상한 삶을 누릴 수 있을 것이다.

여기에서 우리는 포도나무와 가지의 관계를 생각하게 된다. 포도나무를 볼 때마다, 그리고 식탁에 오르는 포도송이를 볼 때마다 가지는 항상 포도나무에 붙어 있어야 함을 기억할 수 있기를 바란다. 포도나무가 일을 하면 가지는 열매를 맺는 기쁨을 누릴 수 있다.

그러면 포도나무가 할 일이 무엇인가?

포도나무는 엄청난 일을 해야만 한다. 뿌리를 땅속으

로 내려 이리저리 비집고 들어가된 때로는 아주 깊이 들어가서 수분과 영양분을 빨아들여야 한다. 거름의 성분들을 여러 방향으로 보내고 한편 뿌리로 보내어 뿌리와 줄기에 공급된 수분과 영양분을 또다시 특별한 진액으로 만들어 마침내 그 나무로 하여금 열매를 맺게 한다. 포도나무가 그런 일을 하면 가지는 포도나무로부터 진액을 받아들이는데, 바로 그것이 변하여 포도 열매가 된다는 것이다.

런던의 햄프톤 왕궁 Hampton Court 에 포도나무 한 그루가 있는데 어느 때는 이천여 송이의 열매를 맺어서 방문객들이 그 포도나무의 왕성한 성장과 풍부한 결실에 놀랐다. 그래서 그 원인을 조사해 보았더니 멀지 않은 곳에 템즈강 the River Thames 이 흐르고 있는데, 그 포도나무가 땅 밑으로 뿌리를 수백 야드 멀리에 있는 그 강 밑에까지 뻗어 강 바닥의 기름지고 풍부한 양분과 수분을 흡수하여 뿌리로부터 멀리 있는 나뭇가지에 이르기까지 그것을 공급해 주었기 때문에 그렇게 성장할 수 있었고 또한 풍부한 열매도 맺을 수 있었다는 것이다.

포도나무가 할 일을 하니 가지는 단지 그 나무에 붙어 있기만 해도 공급해 주는 양분을 다 받아 누릴 수 있었다는 말이다.

예수님과의 관계도 똑같다고 생각되지 않는가?

그렇다면 내가 일을 하거나 설교를 하고 성경강해를

하며, 또 가난하고 소외된 사람들을 방문할 때 그 모든 일의 책임을 그리스도에게 돌려야 한다는 말인가?

주님께서는 바로 그것을 원하신다. 여러분이 일을 할 때 언제나 주께서 모든 것을 돌보아 주신다는 아주 단순하고 복된 생각을 가지고 일하기를 바라신다.

그러면 주님은 어떻게 그 신뢰의 감정을 주시는가?

성령을 보내주심으로써 역사하신다. 때때로 특별한 은사로서만 주시는 것이 아니라 포도나무와 가지의 관계에서처럼 시간마다 그리고 날마다 끊임없이 생생한 관계를 유지시켜 주신다.

진액이 잠깐 동안 흘렀다가 다음 순간은 멈추고 다시 흐르는 것이 아니라 매 순간 포도나무에서 가지로 흘러 들어가는 것과 마찬가지로, 주님은 우리들이 매일 아침, 그리고 날마다 시간마다 무능한 자로서 아무것도 모르고 아무것도 아니고 아무것도 할 수 없지만 오직 주님 앞에서 사는 자 되기를 원하신다.

여기서 "나는 아무것도 아니다"라는 말을 상고해 보기 바란다. 그 말을 상고하고 또 그 말을 기초로 날마다 기도하며 하나님을 예배하면서 재음미하기 바란다.

여러분은 아무것도 아니라는 그 말이 가져다주는 축복을 알고 있는가?

자신을 대단한 인물로 생각할 때 하나님은 그의 모든 것이 되어주시지 않으신다. 오히려 자신이 아무것도 아니라고 생각할 때 하나님은 모든 것이 되어주시고, 영원하신 하나님은 그리스도 안에서 자신을 충만하게 계시해 주신다. 이렇게 될 때 우리는 고차원의 삶을 살 수 있다.

우리들은 아무것도 아닐 필요가 있다. 혹자는 스랍과 그룹이 자신들을 아무것도 아닌 것으로 여겼기 때문에 불꽃이 되었으며, 하나님께서 그들에게 영광과 광명으로 충만케 해주셨다고 말한다. 그들이 자신들을 아무것도 아닌 것으로 여겼기 때문에 하나님은 그들의 모든 것이 되어주셨다. 마찬가지로 우리들도 아무것도 아닌 존재가 되며 더욱 가난하고 낮은, 그리고 무능한 사람이 되어 그리스도로 하여금 우리의 모든 것이 될 수 있도록 하지 않으면 안 될 것이다.

이것이 첫째 교훈이다. 자신이 아무것도 아님과 무력한 존재임을 배우자. 하나님을 절대적으로 의지하는 것이야말로 신앙생활에 나타나는 모든 힘의 비결이다. 가지가 아무것도 가진 것이 없으되 모든 것을 포도나무로부터 취하듯이 우리들도 가진 것이 없지만 모든 것을 주께로부터 얻을 수 있다는 사실이다.

2. 깊이 안식하라

가지의 삶은 온전히 의지하는 삶인 동시에 깊이 안식하는 삶이다.

그 작은 가지가 생각할 수 있고 느끼고 말할 수 있다면, 그것이 햄프톤 왕궁의 포도나무 가지가 되었든지 아니면 햇볕이 많은 남아프리카의 수백 만 포도나무 중 어느 한 나무에 붙어 있는 가지가 됐든지 간에 우리가 그 가지를 향하여,

"포도나무 가지야, 어떻게 하면 살아 있는 포도나무의 좋은 가지가 될 수 있니?"

이 질문에 포도나무 가지는 아마도 다음과 같이 속삭일 것이다.

> 인간이여, 나는 그대가 지혜롭다고 들었소. 내가 알기로는 그대가 참으로 놀라운 일을 많이 할 수 있는 것으로 믿고 있소. 그대에게는 힘도 있고 지혜도 있겠지만 한 가지 충고를 하겠소. 아무리 분망하게 진력을 다한다 할지라도 그리스도의 일은 잘 안 된다오. 그대에게 가장 필요한 것은 주 앞에 나와서 그분에게 모든 것을 맡겨버리는 것이오.
>
> 내가 바로 그렇소 저 포도나무에서 자라난 지 수년이 되었지만 나는 모든 것을 그 포도나무에 맡긴다오. 봄이 돌

아와도 나에게는 근심 걱정이 없소. 포도나무가 나에게 진액을 공급해 주면 싹이 나고 잎이 나오기 때문이오. 또 여름이 와도 걱정하지 않는 것은 아무리 덥더라도 포도나무가 나에게 수분을 공급해 줌으로써 나를 시원하게 해줄 것을 믿기 때문이오. 추수 때가 되어 주인이 와서 포도송이를 따간다고 해도 걱정이 안 되오. 혹시 좋지 못한 포도를 맺었다 하더라도 주인은 가지를 나무라지 않고 언제나 포도나무를 탓하기 때문이오.

당신도 참포도나무이신 그리스도의 좋은 가지가 되려면 그분에게 전적으로 맡기면 된다고 믿소. 그리스도께서 모든 책임을 지실 것이기 때문이오.

여러분은 아마도 이렇게 말할 것이다.

"그렇게 하면 내가 게을러지지 않겠습니까?"

하지만 그렇지 않다. 살아 계신 그리스도께 자신을 맡기는 사람은 결코 게을러질 수 없다. 왜냐하면 그리스도와 더욱 밀접한 관계를 가질수록 성령의 열심과 사랑이 여러분들 안에 더욱 생겨나기 때문이다.

그러므로 깊은 안식 가운데 전적으로 맡기는 삶을 추구하라. 그리스도께 온전히 의지할 수 있는지 회의하다가 결국에 온전한 헌신에 이르지 못할까 염려하는 사람이 있다. 그는 애쓰나 이를 수 없다. 그러므로 날마다 깊은 안식 가운데 침잠하라.

일이 성취되도록,

당신의 능력의 장중에 나를 맡기나이다.

능력의 주님처럼

강하게 역사할 자 누구랴?

날마다 예수님의 발 앞에 나아갈 수 있기 바란다. 그곳은 참으로 평화와 안식이 있는 곳이기 때문이다.

내게 아무 염려 없음은

나의 모든 염려를 주님께 맡겼음이요,

내게 아무 두려움이 없는 것은

나의 모든 두려움을 주께서 담당하셨음이라.

오라, 하나님의 자녀들이여!

하나님이 여러분을 통해 역사하기를 원하심을 알라. 여러분은 뜨거운 사랑이 없다고 불평할지 모르지만, 주님은 이웃을 사랑할 수 있는 거룩한 사랑을 여러분의 심령 가운데 채워주실 것이다. 확신이란 바로 그런 것이다. "우리에게 주신 성령으로 말미암아 하나님의 사랑이 우리 마음에 부은 바 됨이니" 롬 5:5 라고 했는데 다른 곳에서는 "그리스도의 사랑이 우리를 강권하시는도다" 고후 5:14 라 말로 설명하고 있다.

그리스도께서 여러분에게 사랑의 샘물을 주실 때, 여

러분은 가장 악하고 배은망덕한 사람이나 혹은 혐오감을 주는 사람이라 할지라도 사랑하지 않을 수 없게 될 것이다. 지혜와 능력을 주시는 그리스도께 모든 것을 맡겨보라. 그렇게 할 때 여러분은 얼마나 좋은 교훈을 받게 되는지 상상조차 못할 것이다.

사람들과 변론하고 다투기를 일삼을 때 그들은 여러분이 싸움이나 좋아하는 사람이라는 인상을 받게 된다. 그러나 모든 것을 하나님과 그리스도에게 전적으로 맡겨버릴 때는 말로 다 할 수 없는 평강과 안식과 거룩함이 여러분을 찾아올 것이다. 깊은 안식은 여러분의 마음에 큰 축복을 가져다준다.

3. 많은 열매를 맺으라

가지는 많은 열매에 대한 교훈을 가르쳐 준다.

예수께서 포도나무 비유 가운데 열매라는 말을 자주 사용하셨다. 처음에는 "열매" fruit 라고 말씀하셨고, 두 번째는 "더 많은 열매" more fruit, 그리고 세 번째는 "많은 열매" much fruit 라고 하셨다 요 15:2, 5. 그렇다. 우리는 열매를 맺되 더 많이 맺도록 명령을 받았다.

> 너희가 열매를 많이 맺으면 내 아버지께서 영광을 받으실

것이요 요 15:8

그보다 먼저 주님은 "나는 참포도나무요 내 아버지는 농부"요 15:1 라고 말씀하셨다. 그리스도와 가지 사이의 연관성을 지켜보시는 분이 바로 하나님이시란 말이다. 그러므로 우리가 열매를 맺는 것은 그리스도를 통해 역사하시는 하나님의 능력 때문이다.

이 세상은 복음의 결핍으로 말미암아 멸망해 가고 있다. 병들었을 경우에 여러분이 겪을 수 있는 어려움이 무엇인가를 생각해 보자. 사랑하는 친구가 병들어 사경을 해매고 있을 때 포도를 먹이면 소생할 수 있다고 가정하다.

그런데 포도 철이 아니라면 어떻게 하겠는가?

어떤 수고를 무릅쓰고서라도 죽어가는 친구를 위해서 포도를 구하러 나서지 않겠는가!

그런데 우리 주변에는 교회라고는 한번도 가보지 않은 사람도 많고, 교회에 다니면서도 그리스도를 확신하지 못하는 사람도 헤아릴 수 없이 많다. 더군다나 하늘의 포도, 곧 하늘 포도나무의 열매는 어떤 값으로도 살 수 없고 오직 하나님의 자녀가 그의 속사람으로 그리스도와 교통함으로써만 맺을 수 있다. 다른 방법으로는 도저히 불가능하다.

하나님의 자녀라 하더라도 하늘나라에 있는 참포도나

무의 진액을 받지 않거나, 성령과 예수님의 사랑으로 충만하지 않으면 하늘나라의 참 포도 열매를 맺을 수 없다. 일도 많이 하고 설교와 성경공부 그리고 심방도 많이 하며 상당한 조직과 온갖 종류의 노력이 있어도 그 가운데 하나님의 능력이 나타나지 않는 경우가 적지 않음을 보게 된다.

무엇이 결핍되었기 때문인가?

일꾼과 참포도나무 사이에 밀접한 상관성이 결여되었기 때문이다. 하늘의 포도나무이신 그리스도는 멸망해 가는 수천 명의 사람들에게 축복으로 공급해 주실 수 있다. 하늘의 포도나무이신 그리스도만이 하늘의 포도를 맺게 하실 능력이 있기 때문이다. 하지만 "너희는 가지라"는 말씀을 염두에 두지 않으면 안 된다. 예수 그리스도와 밀접한 관계를 맺지 못하면 줄기를 떠난 가지처럼 열매를 맺지 못하기 때문이다.

일과 열매를 혼동해서는 안 된다. 그리스도를 위해 많은 일을 하면서도 참포도나무의 열매를 맺지 못할 때가 있다. 그러므로 일만 추구해서는 안 된다. 열매를 맺는다는 점에 유의하기 바란다. 그것은 어디까지나 하나님의 아들 안에 있는 생명이요 능력이며 정신이고 사랑이다. 다시 말해서 하늘의 포도나무이신 그리스도 자신이 여러분과 나의 심령 가운데 들어오신다는 말이다.

포도에도 여러 종류가 있다. 미국에서 나는 포도와 프

랑스 혹은 남아프리카 케이프 지방에서 생산되는 포도는 맛도 다르고 이름도 다르다. 모든 포도가 각기 다른 향기와 즙을 공급하므로 독특한 풍미와 맛을 제공한다. 마찬가지로 예수 그리스도의 마음속에는 사람들을 위한 생명과 사랑, 그리고 성령과 은혜와 능력이 있는데 이런 것들은 전적으로 신령하고 거룩한 것들로서 우리들의 마음속에 들어올 수 있다. 참포도나무 되신 주님께 가까이 나아가서 이렇게 기도할 수 있기 바란다.

> 주 예수님! 당신에게서 흘러나오는 진액, 곧 신령한 삶을 위한 성령을 간구합니다. 당신의 성령이 나를 통해 당신을 위한 내 모든 일 가운데 흘러가게 하옵소서.

거듭 말하거니와 참포도나무의 진액이란 바로 성령을 뜻한다. 성령은 곧 참포도나무의 생명이 되시기 때문에 우리가 그리스도에게서 받는 것은 다름 아닌 성령의 강한 유입이다. 이것은 무엇보다 필요한 것이므로 여러분은 이외에 다른 것을 추구해서는 안 된다. 이것을 꼭 명심하시기 바란다.

그리스도께서 주시는 힘과 축복을 여기에서 조금, 저기에서 조금 얻는 식으로 기대해서는 안 된다. 포도나무가 가지에게 특별한 진액을 보내주는 것처럼 그리스도께서 여러분의 심령 가운데 성령을 보내주실 것으로 믿어야 한다. 그때 여러분은 많은 열매를 맺을 수 있을 것이다.

이제 여러분이 열매를 맺기 시작했다면 그리스도께서 비유 가운데 하신 말씀 곧 "더 많은 열매"란 말과 또 "많은 열매"란 말을 들을 수 있어야 하며, 여러분이 더욱 많은 열매를 맺기 위해서 자신의 생명과 심령 속에 그리스도의 역사가 나타나도록 간구해야 한다.

4. 친밀한 교제를 나누라

가지의 삶은 친밀한 교제의 삶이다.

다시 물어보겠다.

가지가 할 일이 무엇인가?

여러분은 그리스도께서 사용하신 귀하고 다함이 없는 이 단어를 알 것이다.

··· 거하라 요 15:4

우리의 삶은 거하는 삶이어야 한다.

어떻게 해야 거하는 삶을 살 수 있는가?

그것은 가지가 단 한순간이라도 나무를 떠나지 않는 것과 같다. 가지는 1월부터 시작하여 12월까지 단 하루도 나무와의 교제를 끊고 사는 날이 없다.

그렇다면 우리도 참포도나무이신 주님과 늘 함께 거하는 교제의 삶을 살 수는 없는가?(이 질문을 하는 것이 나로서는 끔찍한 일이다)

아마도 여러분은 할 일이 너무 많다고 변명할지도 모른다. 매일 10시간씩 일상적인 일을 하기 때문에 머리 속에 그 생각으로 가득 차 있을 수 있다. 일하는 것은 하나님의 명령이기도 한다. 그러나 거하는 일은 머리로 하는 것이 아니라 가슴으로 하는 일이다. 성령이 우리들을 예수께 연합시킴으로 말미암아 우리가 주님만을 추구하며 또 전적으로 그분께 모든 것을 맡기는 삶이다.

그러므로 여러분도 사람의 머리로 생각하는 것보다 더 깊은 곳, 내적인 삶의 깊은 곳에서 그리스도 안에 거할 수 있다는 사실을 믿기 바란다. 그렇게 되면 여러분은 매 순간 자유로움을 느낄 것이고 또 자신이 은혜로우신 주님의 품 안에 있음을 의식하게 될 것이다.

만일 여러분이 잠깐 동안이라도 다른 일을 제쳐놓고 참포도나무와 함께 거하는 관계를 생각할 수 있다면 여러분은 틀림없이 열매 맺는 비결을 터득하게 될 것이다.

그러면 어떻게 해야 주님과 더불어 이와 같은 친밀한 관계를 맺을 수 있는가?

또한 이 친밀한 관계는 무엇을 뜻하는가?

그것은 은밀한 기도를 통해 그리스도와 친밀하게 교

제하는 것이다. 내가 확신하기에 그리스도인이라면 누구나 고차원적인 생활을 원하며 때때로 큰 축복을 기대할 것이다. 또 어느 때는 하늘의 기쁨과 차고 넘치는 즐거움을 얻지만 얼마 되지 않아 그것들이 사라지고 마는 경우가 적지 않다.

그것은 매일의 생활 가운데 그리스도와의 인격적이며 실제적인 교통이 절실히 필요함을 그들이 깨닫지 못했기 때문이다. 그리스도와 더불어 홀로 가지는 시간이 필요하다. 만일 여러분이 행복하고 거룩한 그리스도인이 되기를 원한다면 반드시 그럴 필요가 있다. 하늘과 땅에서 여러분으로 하여금 이 일을 하지 않아도 된다고 증명할 수 있는 것은 아무것도 없다.

하나님과 단독적으로 갖는 교제의 시간을 어려워하고 부담스러워하는 그리스도인들이 얼마나 많은가!

이런 태도는 신앙생활에 있어서 큰 장애물이다. 우리들에게는 하나님과의 조용한 교통의 시간이 절실히 요구된다. 참포도나무의 비유를 들어 말씀드리고 싶은 것은 많은 시간을 내어 하나님과 교통하지 않고서는 건강한 가지가 되어 좋은 진액으로 공급받을 수 없다는 것이다.

시간을 들여서라도 하나님과 교통하며 그로 하여금 매일 내 안에서 역사하시도록 간구할 뿐 아니라 하나님과 자신 사이에 연결된 관계를 지속시키지 않는다면 주님은 결코 끊임없는 교통의 축복을 여러분에게 주시지 않을 것이다. 그러므로 그와 더불어 친밀한 교제의 삶을 지속할 수 있기 바란다.

5. 온전히 헌신하라

가지의 삶은 온전한 헌신의 삶이다.

'온전한 헌신' absolute surrender 이란 말은 너무나 엄청나고 엄숙한 말이다. 그런데 우리는 그 뜻을 다 파악하지 못하고 있는 것 같다.

그러나 그 작은 가지가 교훈해 주고 있지 않는가?

우리가 작은 가지를 향해 "얘, 작은 가지야, 너는 열매 맺는 것 외에 다른 일을 하고 있니?"라고 묻는다면 아마도 그 가지는 "아니요, 다른 일은 하지 않고 있어요"라고 대답할 것이다.

그렇다면 아무짝에도 쓸모없다는 것인가?

그렇다. 나무 조각은 펜으로도 사용할 수 없기 때문에 불에 던져 태워지는 것 외에는 아무런 쓸모가 없음을 성경이 증거하고 있다.

또다시 "그렇다면 작은 가지야, 포도나무와의 관계는 어떠니?"라고 물었다고 하자. 그 가지는 포도나무와의 관계를 다음과 같이 말할 것이다.

나는 전적으로 포도나무에 달려 있어요. 그래서 포도나무가 임의로 나에게 진액을 많이 줄 수도 있고 적게 줄 수도 있어요. 포도나무는 자기 마음대로, 곧 자기 좋을 대로 나를 대우하고 있지요.

우리가 주 예수 그리스도께 전적으로 헌신한다는 말은 그리스도께서 자신을 전적으로 드렸던 것과 같이 우리 자신을 그리스도께 바친다는 말이다. 하지만 어떤 사람들은 그리스도께서 자신을 포기하고 철저하게 아버지의 기쁘신 뜻만을 추구하여 전적으로 의존했듯이 우리가 자신을 부정하고, 오직 그리스도의 기쁘신 뜻만을 추구하는 일은 가능하지 않다고 단정해 버린다.

그러나 그것은 마땅히 따라야 할 진리이다. 그리스도는 자기의 영이신 성령을 우리들에게 불어넣어 줌으로써 주님처럼 우리들도 전적으로 하나님을 위해 사는 가운데서 최고의 행복을 누리도록 섭리하셨다. 사랑하는 형제들이여, 만일 그런 이유라면 우리는 이렇게 말해야 한다.

맞습니다. 포도나무의 작은 가지에게 있어서 그것이 사실인 것과 같이 나도 하나님의 은혜로 그것을 받습니다. 나는 날마다 그리스도께서 그분의 뜻대로 나에게 행하시도록 살렵니다.

그런데, 우리들의 신앙생활 바탕에 깔려 있는 심각한 잘못들이 간혹 드러나고 있다.

> 나에게는 사업이 있고 가정의 의무가 있으며 시민으로서 관계들이 있어서 이 모든 것을 바꿀 수 없습니다. 이 모든 것 외에도 나를 죄에서 지키기 위해 나는 종교적 의무를 하고 하나님께 예배를 드려야 합니다. 하나님은 내가 이 모든 의무들을 잘 행하도록 도우십니다.

그러나 이것은 옳지 못하다. 그리스도는 세상에 오셔서 자기의 피로써 죄인을 구속하셨다. 노예 시장에서 한 사람의 노예를 샀다면 새 주인은 그 노예의 옛 집에서부터 자기 집으로 그를 데리고 와서 자기 재산처럼 자기 집에 두며 또 그를 언제나 부려먹을 것이다. 그가 충성된 노예라면 자기 관심과 자기 의지를 버리고 오직 주인의 안녕과 명예를 증진시키는 일에만 힘쓸 것이다.

마찬가지로 그리스도의 보혈로 구속함을 받은 우리도 '어떻게 하면 주인을 기쁘시게 할 수 있을까' 하는 일념으로 매일을 살아야 하지 않겠는가?

신앙생활이 어려운 것은 우리 마음대로 살면서 하나님의 축복을 구하기 때문이다. 우리는 우리가 좋을 대로 신앙생활하기를 원한다. 우리 스스로 우리의 계획을 세우고 또 우리의 일을 우리가 선택해 놓고서 예수님으로 하여금 심령 가운데 들어오셔서 죄와 잘못이 우리를 주관치 못하게 하시며 오히려 그분의 축복으로 충만케 채워 주시기를 구한다.

그러나 예수님과 우리와의 관계는 모든 것을 전적으로 그분에게 맡기고 겸손하게, 그리고 솔직하게 주 앞에 나와서 이렇게 물어야 한다.

"주여! 내 안에 주의 뜻에 어긋나거나 혹은 주의 명령이 아니거나 전적으로 맡기지 못한 것은 없습니까?"

만일 우리가 참고 기다리면 그리스도와 우리 사이에 아주 밀접하고 우호적인 관계가 형성됨으로 말미암아 과거에 주님과 너무 멀리 떨어진 삶을 후회하게 될 것이고, 한 걸음 더 나아가서 주님이 우리 가운데 내주하심으로 나를 소유하게 되시며, 또 날마다 끊임없이 주님과 교제하게 될 것이다. 가지는 이렇게 우리들에게 온전한 헌신을 교훈해 준다.

내가 죄를 버리는 일에 대해서 강조하는 것이 아니다. 난폭하여 행실이 좋지 않으며 때때로 고범죄를 범하면서 어린양의 품에 모든 것을 맡기지 못한 사람에게는 물론 그것이 필요하다. 바라기는 만일 여러분이 살아 있는 포도나무의 가지일진대, 한 가지의 죄라도 숨겨서는 안 된다.

물론 성결의 문제에는 많은 어려움이 없지 않은 것도 사실이다. 모든 사람이 여기에 대해 같은 의견을 갖고 있지는 못하다. 그러나 정직하게 모든 죄에서 벗어나기를 갈망하는 사람이라면 그것은 비교적 무관심해도 좋을 일이라고 본다.

그러나 죄가 전혀 없을 수는 없으며 매일 어느 정도의 죄를 짓는 것은 어쩔 수 없는 일이라고 주장하며 무의식 중에라도 타협적인 자세를 품게 될 사람이 있을까 봐 걱정이 된다. 그런 사람은 하나님께 죄로부터 자신을 지켜 주시도록 간구하지 않으면 안 된다. 온전히 예수님께 의탁함으로써 자신을 죄로부터 보호해 주시도록 기도해야 한다.

일터에서나 교회에서나, 그리고 우리의 환경 가운데서 당연하게 여기며 결코 변화될 수 없다고 단정해 버리는 고질적인 요소들이 많이 있다. 그럼에도 우리는 이런 문제를 가지고 주 앞에 나와서 간구하지 않는다. 하지만 나는 여러분에게 모든 문제를 주님과의 관계 속에서 해결할 수 있기를 촉구한다. 그리고 다음과 같이 고백할 수 있기 바란다.

"주여! 내 삶의 모든 것이 참포도나무이신 당신의 가지로서의 위치와 가장 완전히 조화를 이루게 하옵소서."

그리스도께 드리는 헌신은 온전한 것이어야 한다. 그렇게 될 때 주님은 자신이 원치 않은 일이 무엇인가를 여러분에게 깨우쳐 주실 뿐만 아니라 여러분을 더욱 깊고 고상한 축복으로 인도해 주실 것이다.

결론적으로 모든 것을 한 마디로 요약하고 싶다.
"나는 참포도나무요 너희는 가지라."
다른 말로 표현하자면 다음과 같다.

> 나 자신을 완전히 너에게 주었던 내가 바로 그 포도나무다. 너희가 나를 넘치도록 신뢰할 수는 없을 것이다. 하지만 나는 전능한 사역자요, 하나님의 생명과 능력으로 충만한 자다.

그렇다. 우리는 예수 그리스도의 가지이다. 혹시 자신이 튼튼하고 건강한 가지가 못 되어 열매를 맺지 못하거나 아니면 예수님과 밀접하게 연합하여 그가 원하시는 대로 주님 안에 살고 있지도 못한다는 생각이 든다면 다음과 같이 말씀하시는 주님의 음성을 들어야만 한다.

> 나는 참포도나무로서 너희를 영접하며 또 너희를 내게로 이끌어 복을 주고 강건케 하며 나의 영으로 채워주겠다. 참포도나무인 내가 너를 가지로 삼았으니 내가 나 자신을 온전히 너에게 준 것처럼 너도 자신을 나에게 온전히 바쳐야 한다. 하나님인 내가 나 자신을 너에게 온전히 주기 위해서 사람이 되어 십자가에 죽었다.
> 이제 너도 내게로 와서 자신을 나에게 온전히 헌신해야 하지 않겠느냐?

여러분은 무슨 대답을 할 수 있는가?

살아 계신 그리스도께서 우리들을 붙들어 주심으로 그분과의 친밀한 관계에 들어갈 수 있도록 해주시기를 충심으로 간구해야 한다. 다시 말해서 우리가 참포도나무 되신 주님께 친밀한 관계를 기도함으로써 "그리스도는 나의 참포도나무요 나는 그의 가지라. 아무것도 부럽지 않음은 내가 참포도나무에 붙어 있음이라"는 고백이 저절로 나올 수 있어야겠다는 말이다.

이제 우리는 주님을 경배하고 예배하며, 찬양과 사랑을 그분께 돌릴 수 있을 뿐만 아니라 그분의 사랑을 기다릴 수도 있게 되었다.

> 주님! 당신은 나의 참포도나무요 나는 당신의 가지입니다. 나는 참으로 만족합니다. 그리고 나의 영혼에 부족함도 없습니다.

주님의 복되신 이름에 영광을 돌린다!